피터케이의
이기는 투자 불변의 법칙

피터케이의
이기는 투자 불변의 법칙

피터케이의 이기는 투자 불변의 법칙

10년의 시행착오 끝에 찾아낸 부의 절대 공식

피터케이 지음

WINNING INVESTMENT

21세기북스

염승환(LS증권 이사)

주식 투자에 관한 책은 차고 넘친다. 대부분 성공에 대해 이야기한다. 실패에 관한 이야기는 거의 없다. 이 책의 저자 피터케이는 실패를 이야기한다. 10년간 매년 천만 원씩 잃었다는 그의 용기 있는 고백은 실패를 겪고 있는 투자자들에게 용기와 희망을 준다. 수많은 실패를 겪던 개인 투자자에서 슈퍼개미로 성공한 그의 인생과 투자 노하우가 이 책에 담겨 있다. 주저 말고 책장을 넘기자. 피터케이가 여러분을 기다리고 있다.

선진짱(전업 투자자)

제가 존경하고 앞으로도 함께 배우고 싶은 멋진 투자 동료, 피터케이 님의 철학이 담긴 책이 드디어 나왔네요. 옆에서 지켜본 그는 누구보다도 지독하게 공부하고 기록하며 자신만의 길을 만든 '진짜' 실력자입니다. 특히 2부 '이기는 공부법'은 그가 10년의 시행착오 끝에 정립한 실전 노하우의 정수라고 확신합니다. 단순히 정보를 나열하는 게 아니라, 정보를 수익으로 연결하는 근육을 키워주는 이 방법은 모든 투자자에게 큰 무기가 될 것입니다. 막막한 시장에서 중심을 잡고 싶은 분들이라면 그의 치열한 기록을 꼭 체득해 보시길 권합니다. 피터케이 님의 좋은 친구이자

든든한 러닝메이트로서, 이 책이 여러분의 계좌에 기분 좋은 변곡점이 되길 진심으로 응원합니다.

김경민(애널리스트)

이란발 전쟁 충격으로 유가가 한때 배럴당 110달러를 넘어선 불안한 시장, 바로 지금 피터케이 님의 책이 세상에 나왔다는 사실이 반갑다. 주식 시장이 활황일 때 넘쳐나는 투자 성공 담론과 달리, 이 책은 불확실성의 한복판에서도 흔들리지 않는 주식 투자자의 내면을 정직하게 보여준다. 피터케이 님의 남다른 점은 메타인지다. 내면의 근력을 키워 평정심이라는 마지막 퍼즐을 맞출 때 비로소 투자 전략이 투자 수익으로 치환된다는 것을, 20년 가까운 실전의 실패와 성공을 통해 온몸으로 증명했다. 모두가 공포에 빠지고 근심이 깊어지는 하락장을 우량주 쇼핑의 기회로 전환하는 사고방식이 책 전반에 녹아 있다. 전업 투자자를 꿈꾸는 이에게도, 지금 막 소액으로 첫걸음을 내딛는 개인 투자자에게도 뼈 때리는 투자 안내서다. 오랜 시간 곁에서 직접 귀로 들어온 그 목소리를 이제 독자 여러분도 만날 수 있게 됐다. 냉정한 문장 속에 꼭꼭 숨어 있는 피터케이 님의 따뜻한 잔소리를 경험해보시길.

잃어버린 10년에서 깨우친 투자 불변의 법칙

2004년에 투자를 시작했다. 제법 오래된 투자자처럼 들리지만, 2013년까지의 10여 년을 돌아보면 투자라기보다 시행착오의 연속이었다. 정확히 말하면, 꽤 오랜 시간 동안 바보 같은 투자를 했다.

블로그를 통해 그 시절의 계좌를 그대로 공개한 적이 있다. 2004년부터 2013년까지, 약 10년 동안 쉬지 않고 투자했고, 거의 매해 평균 천만 원가량의 손실을 봤다. 왜 그런 기록을 굳이 공개하느냐고 하는 사람도 있었지만, 그 글은 내 블로그에서 가장 많은 추천을 받았다. 사람들이 달아준 댓글을 읽으며 그 이유를 짐작할 수 있었다.

"이런 시절도 있었군요."

"저도 딱 이랬어요."

화려한 수익 인증보다, 실패의 기록이 더 많은 사람의 마음에 와 닿았던 것 같다. 보통은 잘된 계좌를 자랑하며 보여준다. 나 역시 그런 선택을 할 수도 있었을 것이다. 하지만 나는 손실 난 기록, 굳이 다시 꺼내고 싶지 않은 과거를 그대로 드러냈다. 쉽지 않은 결정이었지만, 지금의 나는 그 시간을 지나왔다는 확신이 있었기에 가능했다. 그 시절을 단순히 부끄러운 과거가 아니라 하나의 과정으로 받아들일 수 있게 되었기 때문이다.

한 지인은 지금의 나를 보며 "사람이 그렇게 바뀌는 게 쉽지 않은데 참 놀랍다"라고 말했다. 그런 말을 들을 때면 그저 웃어 넘겼지만, 속으로는 이런 생각을 했다. 나를 바꾼 건 하나의 큰 사건이 아니라, 아주 사소한 변화'들'이었다고.

돌이켜보면, 지금의 성공이 시작된 출발점에는 거창한 전략도, 흔히 말하는 비법도 없었다. 아주 작은 변화가 있었을 뿐이다. 그건 바로 '생각'하기 시작했고, '기록'하기 시작했다는 것이다. 왜 이 종목을 샀는지, 이 종목에 무엇을 기대했는지, 그 기대는 무엇에 근거했는지를 적기 시작했다. 내 판단이 틀렸을 때는 틀린 이유를 적었고, 맞았을 때도 운이었는지 실력이었는지를 구분하려 애썼다.

그 변화가 드라마틱하게 빠르게 진행된 건 아니다. 오히려 더딘 편이었다. 하지만 그렇게 작은 변화들이 쌓이고 검증되고 반복되면서, 어느 순간 이런 확신이 들었다.

'아, 이렇게 하는 게 맞는 방향이구나.'

그 이후로는 방향 자체를 의심하기보다는, 그 방향으로 잘 가고 있는지 계속해서 확인하는 데 더 많은 시간을 썼다. 좋은 방향으로 검증을 반복하다 보니, 어느새 승률이 조금씩 올라가 있었다.

이 책은 바로 그 이야기에서 시작한다. 오랜 시간 실패를 반복했던 내가 어떻게 변화했는지, 그 여정을 1부에서 소개한다. 과거에는 왜 실패했고, 지금의 성공이 있기까지 무엇이 바뀌었는지를 가감 없이 담았다. 과거의 나와 비슷한 처지에 있는 사람이라면, 나의 실패와 변화를 통해 스스로를 돌아보고 더 나은 미래를 위한 변화를 시작할 수 있을 것이다. 또 투자를 이제 시작하는 사람이라면 나와 같은 시행착오를 겪지 않고, 성공에 더 빠르고 가까이 다가갈 수 있을 것이다.

이어서 2부에서는 이기는 투자를 가능하게 만든 공부법을 정리했다. 정보가 넘치는 시대에 개인 투자자가 어떻게 공부의 방향을 잡아야 하는지, 그리고 그 정보를 어떻게 실력으로 바꿀 수 있는지를 설명한다.

3부에서는 시장에서 살아남기 위한 실전 투자 전략을 다룬다. 내 실제 경험을 바탕으로 투자 전략을 세우는 법을 나누고자 한다. 성공 사례뿐 아니라 실패 사례도 함께 담아, 실전에서 무엇을 조심해야 하는지도 짚어본다.

투자 전략과 지식이라는 단단한 성벽을 쌓아도, 실전의 거센 파도 앞에서는 마음이 흔들리기 쉽다. 그래서 마지막으로 4부에서는 하락장이나 포모(FOMO, Fear Of Missing Out) 앞에서도 흔들리지 않는 마음가짐과 태도에 관해 조언했다. 내면의 근력을 키워 평정심이라는 마지막 퍼즐을 맞출 때 비로소 전략은 수익으로 치환된다.

이 책은 정답을 제시하지 않는다. 대신 기준을 제시한다. 시장은 늘 변하고, 사람마다 환경도 다 다르다. 그럼에도 불구하고 흔들리지 않기 위해 필요한 몇 가지 불변의 원칙은 존재한다. 한 번의 예외적인 승리가 아니라 반복 가능한 법칙 말이다.

이 책이 제시하는 원칙들을 하나하나 짚어보며, 자신의 투자 방식을 점검해보길 바란다. 그리고 시장의 소음이 아니라 자신의 기준으로 판단하는 투자자가 되기를 바란다. 이기는 투자는 결국 원칙을 반복하는 사람에게 돌아오는 결과다.

2026년 4월
피터케이

차례 ———

1장 ✦ 투자자로 가는 길

나는 10년간 매년 천만 원을 잃었다

실패를 통과하며 생긴 기준

돈이 되는 생각은 어떻게 만들어지는가

2장 ✦ 투자 불패! 이기는 공부법

타인의 지식을 레버리지 삼아라

신문과 리포트로 투자 기본기를 쌓아라

정보를 실력으로 바꾸는 법

절박함으로 공부하라

3장 ✦ 시장에서 살아남는 실전 투자 전략

감당할 수 있는 투자의 기준

4장 ✦ 흔들리지 않는, 이기는 멘탈

WINNING
INVESTMENT

1장

투자자로 가는 길

WINNING INVESTMENT

나는 10년간
매년 천만 원을 잃었다

'묻지마' 투자부터 리딩방까지

2004년 내가 투자를 시작했을 때 주식시장이 그리 나쁜 환경은 아니었다. 당시에는 중국 경제가 본격적으로 개방되던 초기 국면이었고, 2008년 리먼 브라더스 사태가 터지기 직전까지 지수는 가파르게 상승했다. 시장 전체가 돈을 벌기 쉬운 분위기였다.

리먼 사태 이후 한동안은 분명히 힘든 시기도 있었지만, 그 시절 한국 증시는 이른바 '차·화·정'의 시대였다. 자동차, 화학, 정유로 대표되는 산업들이 시장을 이끌었고, 우리나라 굴뚝 산업과 중후장대 산업이 가장 강력했던 전성기였다. 지수가 2,000선을 넘어설 만큼 시장은 뜨거웠고, 지금 기준으로 보면 구조적 성장과 사이클이 동시에 작동하던 구간이었다.

그런데도 나는 그 시기에 돈을 잃었다. 시장은 그렇게 올랐는데, 내 계좌는 반대로 움직였다. 시장은 늘 기회를 준다. 다만 문제는, 그 기회를 알아볼 수 있는 준비가 전혀 되어 있지 않다는 데 있다. 그 사실을 그때의 나는 알지 못했다. 왜 그랬을까? 매번 손실이 났다는 것은 분명히 어딘가에 문제가 있었다는 뜻 아니겠는가?

내가 실패한 이유는 크게 3가지로 정리할 수 있다.

1. 투자 아이디어에 근거가 없었다

오르는 주식들을 보면서도 왜 저 산업들이 오르는지에 대한 분석은 하지 않았다. 그 기업이 어떤 일을 하는지, 어떤 구조에서 돈을 버는지에 대한 배경 지식도 없었다. 신문은 대충 훑어봤을 뿐이다. 이른바 '묻지마' 투자다.

가장 뼈아팠던 종목은 한 게임 회사였다. 당시는 2006년쯤으로 스마트폰은 아직 대중화되기 전이었고, 게임 산업 역시 지금처럼 구조가 정교하지 않았다. 그 무렵 지인이 이 회사 게임을 만들고 있다며, 게임이 꽤 괜찮고 히트할 것이라고 말했다.

그 말 한마디가 전부였다. 그 기업이 어떤 구조로 돈을 버는지, 게임 하나가 성공했을 때 매출이 얼마나 지속될 수 있는지, 추가적인 파이프라인이 있는지는 전혀 보지 않았다.

결과는 냉혹했다. 나중에 확인해보니 2008년 4월 상장 폐지되었는데, 나는 그사이에 이 종목을 샀다. 결과는 마이너스 40% 수준의 손실이었다. 그 해에 잃은 돈이 약 3천5백만 원이었다. 당시 내 연봉이 약 5천만 원 정도였으니, 거의 연봉에 가까운 금액을 시장에서 잃은 셈이다. 숫자로만 봐도 컸지만, 체감되는 충격은 훨씬 더 컸다.

투자 판단이라고 부를 만한 것은 거의 없었다. 근거라곤 게임 출시 정도였다. 그마저도 그 게임이 실제로 얼마나 팔릴 수 있는지, 회사의 장기적인 매출로 이어질 수 있는지에 대한 고민은 없었다. 거기에 '나스닥 상장'이라는 말이 붙으니, 상장만 하면 주가가 오를 것이라고 막연하게 생각했다. 그것이 어떤 방식의 상장인지, 실효성이 있는 구조인지, 실패 가능성은 무엇인지 따져본 적도 없었다.

결국 논리도 없었고, 근거도 없었으며, 내 생각도 없었다. 대신 남의 말에 의지했고, 스스로 판단할 실력도 갖추지 못한 상태였다. 지금 와서 생각해보면, 그런 결과가 나온 것은 어쩌면 너무 당연한 일이었다.

2. 차트만 보고 단타 매매를 반복했다

기업을 모르니 기다릴 이유도 없었다. 자연스럽게 차트 중심의 데이 트레이딩으로 흘러갔다. 매수가, 목표가, 손절가만 정해놓고 기계적으로 사고팔았다. 5일선, 20일선 같은 기술적 지표를 중심으로 한 차트 매매였다. 길게 가져가 봐야 일주일을 넘기지 못했고, 5%만 수익이 나도 바로 팔았다. 반대로 손실이 나면 근거 없이 그냥 계속 쥐고 있었다.

머릿속에는 오로지 단타 매매 생각만 가득했다. 매일 시장에 들어가 배팅을 하는 느낌, 주식시장을 투자처가 아니라 도박장처럼 드나들던 시절이었다.

그 결과 매매 회전율은 비정상적으로 높아졌다. 2004년에 500만 원으로 시작했지만 그해 거래 금액은 약 4억 6,700만 원에 달했다. 한 해에 100번 이상 사고판 셈이다. 이후에는 더 심해졌다. 2007년에는 1,200만~1,300만 원으로 약 22억 원을 거래했다. 연간 매매 횟수가 170~190회 수준이었다. 거래일 기준으로 거의 매일 사고팔았다.

이것은 결국 첫 번째 이유와 연결된다. 종목에 대한 투자 아이디어가 없으니, 그렇게 매일 거래할 수밖에 없었다. 만약 명확한 투자 아이디어가 있었다면 하루에도 몇 번씩 사고파는 일은 애초에 없었을 것이다.

하지만 생각이 없었기 때문에 차트 신호에 반응하는 매매만 반복했고, 수수료와 손실로 계좌는 점점 닳아갔다. 시장의 큰 흐름과 산업의 성장은 모두 놓쳤다.

3. 남의 이야기와 전문가의 말에 의존했다

누가 좋다고 하니까 샀고, 그런 사례가 대부분이었다. 뉴스를 보고 따라 사는 경우도 많았다. 당시 한국경제TV 같은 증권 방송을 정말 많이 봤다. 퇴근 후 맥주 한잔을 놓고 오징어를 씹으며 야간 방송까지 챙겨봤다. 그 사람들은 '전문가'라는 이름으로 등장했고, 나는 당연히 그들에게 투자를 배워야 한다고 생각했다.

지금은 유튜브도 있고, 블로그도 있고, 다양한 경로로 공부할 수 있다. 하지만 그 시절에는 달랐다. 주식을 배우고 싶어도 마땅히 가르쳐주는 사람이 없었다. 책 아니면 TV가 전부였다. 그러다 보니 TV에 나와 말하는 사람들의 이야기가 곧 기준이 됐다.

그런데 그런 방송들의 패턴은 늘 비슷했다. 레퍼토리는 정해져 있었다. 이 회사는 무슨 회사인지 간략히 설명한 다음, "이제 차트를 봅시다"라는 말로 시작한다. 20일선이 어떻고, 추세가 어떻고, 볼린저 밴드가 어떻고, 깃발형이 어떻고, 스토캐스틱이 어떻고… 온갖 전문용어가 쏟아진다. 하지만 결론은 항상 '목표가 얼마, 손절가 얼마, 매수가 얼마'로 정리된다.

리딩방에도 들어갔다. 월 10만 원을 내고 종목 추천을 받았다. 리딩방 역시 거의 같은 방식이었다.

나는 그런 이야기를 듣고 그대로 매수했다. 처음 보는 뉴스였는데도 좋아 보인다는 이유만으로 덜컥 매수했다가 바로 하락을 맞은 적이 한두 번이 아니었다. 그렇게 하다 보니 '내 종목'이라는 개념이 존재하지 않았다. 내가 이해해서 산 종목이 아니라, 남의 판단을 빌려 산 종목들뿐이었다.

스스로 판단할 기준이 없었기 때문에 지인의 추천, 리딩방, TV에 나오는 전문가의 말을 그대로 따랐다. 목표가와 손절가만 외웠을 뿐, 그 판단이 왜 나왔는지는 이해하지 못했다. 자기 생각 없이 남의 판단을 빌린 투자는 책임질 수 없는 선택이었고, 그 결과는 고스란히 계좌에 남았다.

그 시절의 모든 안 좋은 습관과 판단이 10년간의 내 계좌에 그대로 녹아 있다. 기업을 보지 않고, 논리를 세우지 않고, 검증하지 않고, 남의 말에 의존하며, 차트 신호에 반사적으로 매매하던 흔적들이다.

사실 이런 모습은 많은 개인 투자자가 처음에 거치는 전형적인 경로일 것이다. 모르기 때문에 빠지기 쉬운 함정이다. 지금도 그때의 나와 크게 다르지 않은 방식으로 투자하는 사람이 많다. 공부할 시간은 없고, 수익은 내고 싶고, 그래서 누군가 대신 판단해주길 바라는 마음. 나 역시 그랬다.

벼랑 끝에서 깨달은 것

10년을 잃었으니 얼마나 힘들었겠는가. 마이너스 통장까지 날려 먹었다. 2008년 리먼 사태가 터진 뒤 그 여파는 2009년, 2010년까지 이어졌다. 결정적으로 2011년 내가 다니던 회사가 영업정지를 당했다. 금융회사로서의 기능을 상실한 상태였다. 예금보험공사가 개입했고, 회사가 통째로 사라질 수도 있는 상황이었다.

다행히 회사는 인수되면서 살아남았다. 하지만 인수 이후가 더 문제였다. 새로운 주인이 들어오면 반드시 물갈이가 시작된다. 구조조정, 명예퇴직, 자발적 퇴사가 이어졌다. 그 과정에서 나는 더 절박해질 수밖에 없었다.

그 무렵부터 질문이 바뀌었다.

'평생 이렇게 살 것인가, 아니면 여기서 멈출 것인가?'

이미 잃은 돈만 1억 가까이 됐는데, 그냥 포기할 것인지, 아니면 제대로 다시 해볼 것인지. 그 고민을 정말 오래 했다.

그때 현실적으로 떠오른 선택지는 많지 않았다. 장사를 해야 하나, 전혀 다른 일을 해야 하나 고민도 해봤지만, 결국 다시 주식으로 돌아왔다. 아이러니하게도, 주식은 내가 가장 많이 실패한 영역이었다. 그래서 더 분명해졌다, 이 상태로는 전업 투자는 절대 불가능하다는 것, 제대로 공부하지 않으면 답이 없다는 것.

그렇게 2014년부터 다시 시작했다. 과거에 하던 차트 투자, 단타 매매는 전부 버리기로 했다. 그런 방식은 나와 맞지 않는다는 걸 이미 충분히 배웠기 때문이다. 무엇을 공부해야 할지도 몰라 헤매다가, 우연히 '가치투자'에 관한 글들을 읽게 됐고, 거기서 '투자 아이디어'라는 개념을 처음으로 제대로 접했다. '투자란 이렇게 하는 것일 수 있겠다'는 감각이 처음으로 생겼다.

그 과정에서 추천받아 읽은 책이 피터 린치의 《전설로 떠나는 월가의 영웅》이었다. 그의 책은 솔직히 말해 충격이었다. 너무 재미있어서 두 달 만에 세 번을 읽었다.

피터 린치의 책을 통해 비로소 무엇을 봐야 하는지가 정리되기 시작했다. 결국 봐야 할 것은 기업의 이익이고, 기업의 성장성이었다. 막연히 오를 것 같은 종목이 아니라, 왜 성장하는지 설명할 수 있는 기업을 봐야 한다는 사실을 그때 처음으로 명확하게 인식했다.

특히 인상 깊었던 것은 투자 전략을 '감각'이 아니라 '구조'로 설명했다는 점이다. 몇 종목을 가져가야 하는지, 어떤 기준으로 분산해야 하는지에 대한 이야기뿐 아니라, 주식을 여섯 가지 유형으로 분류한 관점이 결정적이었다. 성장주, 회생주, 경기순환주처럼 기업을 성격별로 나누어 바라보는 방식은 나에게 완전히 새로운 세계였다. 그전까지는 주식을 하나의 덩어리로만 봤지, 서로 다른 성격과 시간축을 가진 존재로 생각해본 적이 없었다.

'생각'과 '기록'을 시작하다

그 시기를 지나오면서 무엇이 정확히 바뀌었는지를 한 문장으로 집어내기는 어렵다. 누구든 하루아침에 수익을 내는 투자자가 되지는 않는다. 변화는 항상 아주 작은 지점에서 시작된다.

돌이켜보면, 뭔가가 드라마틱하게 바뀌었다기보다는 비로소 '생각'을 하기 시작했던 것 같다. 그 출발점이 바로 기록이었다. 그전에는 기록을 하지 않았었다. 블로그에 기록을 시작했다는 사실 자체가 내 투자 인생에서는 꽤 큰 변화였다. 처음에는 내 투자 과정이나 생각을 적어야겠다는 발상 자체가 없었다. 투자관도 없었고, 시드머니도 적었다.

그랬던 내가 보고 듣고 읽는 것들을 하나둘 기록하기 시작했다. 나는 어릴 때부터 공부를 아주 잘한 편은 아니었지만, 공부를 할 때 손으로 필기하면서 정리하는 습관은 있었다.

주식 투자는 대부분 인터넷 화면으로 정보를 접하다 보니 손으로 필기하기가 쉽지 않았다. 그래서 방식을 바꿨다. 기사나 자료를 그대로 복사해두고, 그 안에 어떤 맥락이 숨어 있는지, 놓치고 있는 전제가 무엇인지를 적었다. 그리고 그에 대한 내 생각을 덧붙여 적는 연습을 했다. 일종의 대화처럼 텍스트를 적기 시작한 것이다.

아마 나를 꾸준히 보아온 사람이라면 알고 있을 것이다. 내가 매일 리포트를 업로드하고 글을 올린 온라인 카페의 개설일은 2014년 3월 24일이나 26일쯤이었을 것이다. 그 시점부터 나는 신문 스크랩을 하기 시작했다. 처음에는 분석도, 해석도 없었다. 말 그대로 스크랩만 했다. 다만 이전과 다른 점이 하나 있었다. 그때부터 신문을 '제대로' 읽기 시작했다는 점이다.

물론 그 시기에도 투자 방식이 근본적으로 바뀐 것은 아니었다. 여전히 모멘텀 투자에 가까웠고, 테마주 중심이었다. 신문을 펼치면 자연스럽게 눈에 들어오는 것은 늘 비슷했다. '핫하다'는 표현이 붙은 산업, 급등 가능성이 있다는 테마, 단기간에 움직일 것 같은 종목들이었다. 스크랩의 내용 역시 그런 기사들로 채워졌다.

신문을 읽는 방식도 바뀌기 시작했다. 이전에는 테마주 위주로 '뭘 사야 하나'를 먼저 생각했다면, 이제는 이 기사가 무엇을 말하고 있는지, 핵심이 무엇인지를 파악하려고 했다. 기사 자체를 재료로 삼아 생각하는 연습을 하기 시작한 것이다. 그렇게 하다 보니 읽는 신문이 점점 늘어났다. 어느 순간에는 신문을 일곱 개 정도 읽고 있었다.

그다음 단계로 넘어간 것이 증권사 리포트였다. 접근 방식은 동일했다. 처음에는 기업 리포트 위주로 읽었다. 완벽히 이해하지는 못했지만, 애널리스트가 어떤 포인트를 강조하는지, 무엇을 중요하게 보고 있는지를 파악하려고 했다.

그때부터 숫자가 눈에 들어오기 시작했다. 컨센서스(평균적인 예측이나 평가)가 어떻게 형성되어 있는지, 매출이 얼마나 증가하고 있는지, 공장 캐파(capacity, 생산능력)는 어떻게 변하고 있는지를 보기 시작했다.

지금도 리포트를 보면 내가 어디에 밑줄을 긋는지 분명하다. 산업의 성장성, 매출 증가 폭, 생산능력 변화 같은 지점들이다. 숫자는

100% 정답은 아니지만, 방향성을 보여주는 지표라고 생각했다. 그래서 그런 부분들을 캡처하고, 밑줄을 긋고, 따로 모으기 시작했다.

그 모든 내용을 컴퓨터로 정리해 내 카페에 기록했다. 그리고 1년쯤 지나자 단순한 정리에서 한 단계 더 나아갔다. 내 생각을 쓰기 시작했다. '이 애널리스트의 주장은 이런 맥락이고, 이 뉴스가 의미하는 바는 이런 것이다', '이런 흐름이라면 이런 종목이 수혜를 받을 가능성이 있겠다'는 식으로 생각을 덧붙였다.

실패를 통과하며
생긴 기준

이 과정은 거의 매일 이어졌다. 아침에 출근하면서부터 잠자리에 들 때까지, 하루의 대부분을 이런 생각으로 채웠다. 투자자의 관점으로 세상을 계속 해석하려고 했다. 지금도 그 버릇이 남아 있어 비슷한 루틴을 반복하고 있다.

지금까지 리포트를 읽은 기간만 따져도 10년 정도다. 하루에 평균 30개에서 40개 정도를 읽었다고 가정하면, 1년이면 1만 개에 가깝다. 그걸 10년으로 환산하면 기업 리포트만 해도 10만 개를 훌쩍 넘는다. 하루에 나오는 리포트를 사실상 거의 다 읽었다고 봐도 무리가 없다. 이 정도로 몰입하면서 실력이 늘지 않는 게 오히려 이상하지 않겠는가.

물론 모든 리포트를 한 글자도 빠짐없이 읽은 건 아니다. 어느 시점부터는 내가 봐도 모르겠는 리포트는 과감히 넘기게 됐다. 예전에는 무조건 읽어야 한다는 강박이 있었다면, 나중에는 선별이 가능해졌다.

그런데 또 다른 벽이 나타났다. 기업 리포트를 계속 읽다 보니 디테일은 잡히는데, 큰 그림이 보이지 않는다는 느낌이 들었다.

그때 깨달은 게 있다. 애널리스트들이 쓰는 기업 리포트는 개인 투자자를 위한 공부 자료가 아니다. 그 목적 자체가 다르다. 대부분은 그 기업의 최근 업데이트 사항을 전달하는 데 초점이 맞춰져 있다. 분량도 보통 4~5페이지 정도이고, 실적 요약이나 최근 이슈 정리 수준에서 끝난다. 이걸로는 공부가 되지 않는다. 마치 장님이 코끼리의 코만 만지고 전체를 상상하려는 것과 비슷하다. 부분은 보이는데, 전체 구조가 머릿속에 그려지지 않는 것이다.

그래서 방향을 바꿨다. 기업 리포트가 아니라 산업 리포트로 공부의 중심을 옮겼다. 이때부터 성장 속도가 눈에 띄게 달라졌다. 특히 반도체 공부가 그랬다.

솔직히 말하면 반도체는 너무 어려워서 포기하고 싶었던 적도 많았다. 제대로 공부해보려고 시도했지만, 번번이 실패했다. 그러다 공정을 이해하기 시작하면서 상황이 달라졌다. 공정이라는 뼈대를 잡고 나니 그제야 정보들이 연결되기 시작했다.

앞서 말했듯 나는 기록을 하는 사람이다. 처음에는 블로그가 아닌 온라인 카페를 개설해서 정리해두는 수준이었기 때문에 기록하는 데 한계가 있었다. 그래서 파워포인트를 만들었다. 내가 공부한 내용을 슬라이드로 정리하고, 다시 정리하고, 또 정리했다. 점점 강의처럼 구조를 만들어갔다. 핵심은 뼈대를 만드는 과정이었다.

하나의 산업을 그렇게 정복하고 나니, 그다음 산업으로 넘어갈 수 있었다. 그리고 또 그다음 산업으로 확장됐다. 일단 뼈대를 세우면 이후에는 살만 붙이면 된다.

그러자 예전에 읽었던 신문 기사들이 전혀 다르게 보이기 시작했다. 기업 리포트도 마찬가지였다. 예전에는 그냥 지나쳤던 문장이 "아, 이게 그때 내가 공부했던 그 얘기구나"라며 연결되기 시작했다. 아주 작은 퍼즐 조각을 하나씩 맞춰가는 과정과 같았다.

산업은 투자의 배경이고, 기업은 그 위에 놓인 결과물이다. 배경을 이해하지 못하면 결과를 해석할 수 없다.

시뮬레이션에서 실제 투자로

한국 증시에 있는 섹터는 적게는 30~40개, 많게는 40~50개 정도 된다. 하지만 그중에서 내가 제대로 공부했다고 말할 수 있는 섹터는 15개에서 20개가 채 되지 않는다. 그런데도 이상하게 '먹을 게' 많아지기 시작했다. 선택지가 늘어난 게 아니라, 판단할 수 있는 영역이 생긴 것이다. 그때부터 투자자로서 많이 바뀌기 시작했던 것 같다.

나는 투자를 예체능에 가깝다고 생각한다. 리포트를 읽고, 신문을 읽고, 이론을 쌓는 일은 필요하지만 그 자체로는 반쪽짜리다. 이건 말 그대로 이론 공부다. 결국 실전 경험이 쌓이지 않으면 실력이 완성되지 않는다. 그래서 나는 생각을 적는 데서 멈추지 않고, 반드시 실행으로 이어가기로 했다.

다만 처음부터 실제 돈을 넣지는 못했다. 2015년 무렵, 신문 기사나 리포트를 읽고 '이러저러해서 이 회사가 좋아질 것 같다', '주가가 오를 가능성이 있다'는 생각이 들었지만, 바로 매수 버튼을 누르지는 않았다. 대신 시뮬레이션을 돌렸다. 내 생각을 글로 정리하고, 투자 아이디어를 남긴 뒤 가상의 투자로 결과를 추적했다.

그렇게 6개월 정도 데이터가 쌓였을 때 비교를 해봤다. 하나는 내가 아무 생각 없이 트레이딩했던 실제 계좌의 종목들, 다른 하나는 내가 분석하고 생각을 적은 뒤 '괜찮다'고 판단했던 종목들의 시뮬레이션이었다. 결과는 명확했다. 시뮬레이션 쪽 성과가 훨씬 좋았다.

그 순간 판단이 섰다. 지금까지 해오던 투자 스타일을 버려야겠다고 생각했다. 즉흥적인 매매, 감에 의존한 트레이딩을 계속할 이유가 없었다. 차라리 내 의견을 적고, 내가 분석하고, 내가 이해한 종목을 내가 책임지고 사는 게 맞겠다는 결론에 도달했다. 내가 이미 알고 있는 산업, 내가 충분히 공부했다고 판단한 영역, 그리고 스스로 확신을 가질 수 있는 것에만 투자하기로 했다.

그때부터 시뮬레이션이 아니라 실제 투자로 옮겼다. 분석하고, 기록하고, 투자 아이디어를 정리한 뒤 실제로 매수하기 시작했다. 특정 기업 리포트 하나, 신문 기사 하나에 매달리는 방식이 아니라, 여러 정보를 종합해서 사고하는 방식으로 전환했다. 신문, 리포트, 산업 자료 등에서 정보를 모으고, 그 안에서 반복적으로 등장하는 흐름과 메시지를 살폈다. 그리고 그중에서 정말 임팩트가 있는 것만 추려냈다.

그러자 성과가 나기 시작했다. 물론 모든 판단이 맞았던 것은 아니다. 열 개 중 세 개는 틀렸다. 그건 지금도 마찬가지다. 하지만 일곱 개는 맞았다. 이 차이가 결과를 완전히 바꿨다.

유혹과 시행착오

잘된다는 감각이 생기자 공부량이 폭발적으로 늘었다. 매일 출근 전 아침에 두 시간, 그리고 점심시간에 뉴스와 리포트를 봤고, 퇴근 후에도 한 시간 이상을 투자 공부에 썼다. 하루 최소 네 시간, 많게는 다섯 시간 이상을 거의 쉬지 않고 이어갔다. 주말에는 산업 리포트를 출력해 카페에 앉아 몇 시간씩 정리했고, 눈으로만 보는 공부의 한계를 느껴 PPT로 구조를 만들기 시작했다.

그 결과 2015년에 약 52%, 2016년에 70%가 넘는 수익이 나왔다. 숫자보다 중요한 건 감각의 변화였다. 이제는 어떤 투자를 하면 크게 물릴 것 같은지, 손실이 날 것 같은지가 느껴졌다. 10년 동안 두들겨 맞으며 배운 오답 노트 덕분이었다. 이렇게 하면 망한다는 걸 몸으로 알게 됐고, 그걸 안 하면 됐다.

물론 처음부터 유혹이 사라진 건 아니다. 테마주, 초단타, 한번쯤은 혹하는 이야기들이 계속 들려왔다. 하지만 그런 이야기를 따랐을 때 결과는 늘 같았다. 손실이었다. 이걸 몇 번 반복하고 나니 학습이 됐다. '이건 안 되는 방식'이라는 걸 인정하게 됐다. 그러고 나니 이런 방식은 점점 안 하게 되었고, 대신 '되는 것'만 하게 되었다.

여기까지 오는 데 상당히 오랜 시간이 걸렸다. 내가 변하기 시작한 시점은 2014년이지만, 실제로 투자 아이디어를 검증하기 위해 시뮬레이션을 돌리고, 그 결과를 비교하기까지는 1년 반 이상이 걸렸다. 생각이 바뀌어도 행동까지 바뀌기까지는 항상 시간이 필요하다.

그 과정에는 시행착오도 있었다. 대표적인 실패 사례는 서부 T&D에 투자한 것이다. 이 종목을 나는 '첫사랑'이라고 부르는데, 첫사랑은 대체로 이루어지지 않듯 이 종목도 그랬다.

당시는 가치투자 베이스가 유행하던 때였다. 시가총액보다 현금이 많은 회사, 시가총액보다 자산이 많은 회사가 주목받았다. 전통적인 자산가치 투자 방식이었다. 나 역시 가치투자를 한번 제대로 해보고 싶었다. 서부T&D는 용산에 호텔을 보유하고 있었고, 서울 신정동에 대규모 복합물류센터 개발 이슈도 있었다. 자산만 놓고 보면 분명 저평가처럼 보였다.

내 투자 아이디어 자체는 틀리지 않았다. 문제는 시간이었다. 성과가 나타나기까지 너무 오래 걸렸다. 그리고 지금 돌아보면, 그 아이디어는 세련되지 못했다. 복합물류센터 이슈가 구체화되기 시작하면서 오히려 주가는 빠졌다. 기대가 현실이 되는 과정에서 시장은 더 냉정했다.

나는 이 종목에 거의 전 재산에 가까운 투자를 했다. 주가는 한때 40% 가까이 올랐다가, 다시 빠져 결국 나는 본전에서 나왔다. 숫자만 보면 손실은 아니었다. 하지만 심리적으로는 큰 좌절이었다. 이제 막 뭔가 되는 것 같았는데, 다시 제자리로 돌아온 느낌이었다.

그때 처음으로 분명하게 느꼈다. 우리나라에서 자산 기반의 전통적인 가치투자는 생각보다 쉽지 않다는 것, 그리고 그 방식이 나와는 잘 맞지 않는다는 사실이었다. 가치투자에도 여러 종류가 있지만, 이른바 '땅과 건물'에 기대는 가치투자는 나에게 맞는 방식이 아니었다.

그 시기를 기점으로 내가 보는 대상이 달라졌다. 차트를 보거나 단기 모멘텀을 쫓는 방식이 아니라, 회사를 보기 시작했다. 이 회사가 무엇을 하는 회사인지, 이 산업이 정말로 성장하고 있는 산업인지, 그리고 그 성장이 기업의 이익으로 어떻게 연결되는지를 보기 시작했다.

오답 노트가 쌓일수록 정답률이 높아진다

기업의 이익을 보려면 무엇을 봐야 하는지에 대해 고민했다. 가장 드라마틱하게 수익이 났던 경우들을 하나씩 복기해보면 공통점이 있었다. 결국 매출이 발생해야 했고, 기존 매출이 아니라 새로운 매출이 붙어야 했다. 매출이 늘어나야 이익이 늘어나고, 그러려면 반드시 변화가 필요했다.

그 변화는 여러 형태로 나타난다. 신제품 출시일 수도 있고, 새로운 산업의 등장일 수도 있다. 과거의 스마트폰 산업, 최근의 전기차처럼 이전에는 없던 시장이 열리는 경우도 있고, 기존 산업 내부에서 구조적인 변화가 일어나는 경우도 있다. 나는 그때부터 실제로 무엇이 팔리고 있는지를 보려고 했다. 추상적인 기대가 아니라, 현장에서 돈으로 바뀌는 제품과 서비스를 확인하려 했다.

대표적인 사례가 인터플렉스였다. LCD에서 OLED로 디스플레이가 전환되던 시기, 특히 애플이 OLED로 이동할 때 가장 큰 수혜를 받는 곳이 어디일지를 집요하게 고민했다. 이 트렌드가 단기 사이클이 아니라 한번 바뀌면 쉽게 되돌아가지 않는 구조적 변화라는 점에 주목했다. 왜 OLED로 갈 수밖에 없는지에 대한 논리적 근거들을 찾아 읽고, 자료를 모으고, 확신이 생긴 뒤에 인터플렉스에 집중 투자했다.

반도체도 마찬가지였다. 삼성전자가 반도체에 대규모 투자를 진행하면, 장비주들의 발주가 늘어날 수밖에 없는 구조라는 점을 인식했다. 전방 산업의 투자가 후방 기업의 실적으로 어떻게 연결되는지를 논리적으로 풀어냈다. 단순한 기대가 아니라, 돈의 흐름을 구조로 이해하려고 했다.

또 어떤 경우에는 기업이 제시하는 비전과 실제 현장을 함께 봤다. 중국 시장에서 매장이 어떻게 확장되고 있는지, 왜 중국 소비자들이 특정 브랜드에 열광하는지를 직접 보고 고민했다. 면세점에 가 보고, 사람들의 동선을 보고, 소비 패턴을 관찰했다. 눈으로 확인할 수 있는 것, 현장에서 체감할 수 있는 것들이 쌓이면서 직감이 아니라 근거 있는 판단이 만들어졌다.

결국 내가 찾으려 했던 핵심은 명확했다. 회사가 구조적으로 바뀌는 지점이다. 신제품을 내놓는 순간, 경쟁사가 무너지는 순간, 새로운 플레이어가 등장하는 순간, 혹은 4G에서 5G로, 내연기관에서 전기차로, 스마트폰에서 AI·로봇으로 넘어가는 전환점이다. 이런 변화 속에서 투자 아이디어를 발견하는 습관을 거의 쉬지 않고 반복했다.

그 연습의 결과가 나오기까지는 약 2년이 걸렸고, 그 이전에 10년에 가까운 실패의 시간이 있었다. 그 덕분에 내 오답 노트는 아주 두꺼워졌다. 그러다 보니 한 가지는 분명해졌다. '이건 물릴 것 같다'는 감각이 생긴 것이다. 틀린 답을 너무 많이 써봤기 때문에, 같은 실수를 반복하지 않는 힘이 생겼다.

그래서 전략은 단순해졌다. 틀렸던 방식은 배제하고, 맞았던 구조만 반복하자. 그렇게 방향을 정하고 나니, 투자는 점점 같은 쪽으로 수렴했다. 그리고 그 수렴의 결과가, 내가 지금까지 이어오고 있는 투자 방식이다.

투자관이 정립되다

내 투자관과 투자 스타일이 정착되기 시작한 시점은 2016년쯤이다. 그 무렵부터 나는 비교적 명확한 기준을 가지고 투자를 하고 있었다. 그 과정에서도 피터 린치의 책을 반복해서 읽었다. 단순히 읽는 데서 그치지 않고, 그 안에 담긴 개념들을 하나씩 정의하고 내 언어로 재정리했다. 그렇게 하다 보니 투자 전략, 투자 마인드 같은 것들이 조금씩 체계화되기 시작했다.

지금 내가 늘 이야기하는 원칙들, 이를테면 기업의 이익을 보라는 이야기, 주가는 결국 PER 곱하기 EPS라는 관점, 성장주는 폭락장에서 사야 한다는 생각, 아는 것만 하라는 원칙 같은 것들은 모두 이 시기에 정리된 것들이다.

종목 수를 어떻게 가져갈 것인가, 집중 투자가 좋은지 분산 투자가 좋은지 같은 질문도 마찬가지다. 나는 집중 투자도 해봤고, 분산 투자도 해봤다. 그 결과 내 성향과 가장 잘 맞는 방식은 '하이브리드형'이라는 결론에 도달했다. 평소에는 분산 투자로 리스크를 관리하되, 정말 확신이 드는 구간에서는 집중 투자를 하는 방식이다. 이것이 지금까지 이어지고 있는 나만의 투자관이자 전략이 됐다.

이런 투자관이 자리 잡기까지 2년에서 3년 정도가 걸린 것 같다. 2014년에 방향을 틀었고, 그 결과 2016년에는 연간 수익률이 약 70%에 달했다. 이후 2017년에 전업 투자로 전환했는데, 그해에는 수익률이 100%에 가까웠다.

특히 2017년은 모든 것이 맞아떨어진 해였다. 반도체 빅사이클이 본격적으로 전개되면서 산업의 흐름이 또렷하게 보였다. 이게 단기 이슈가 아니라 구조적인 사이클이라는 확신이 섰고, 그때 집중 투자를 했다. 산업, 타이밍, 투자 전략이 동시에 정렬된 시기였다고 생각한다.

돈이 되는 생각은
어떻게 만들어지는가

\ 구조적으로 이익이 커질 수밖에 없는 기업을 찾아라 /

피터 린치의 책을 읽으면서 한 가지 질문을 계속 던졌다. 어떻게 이런 수익률이 가능했을까? 어떻게 5루타, 10루타 같은 투자가 가능했을까? 솔직히 말하면 처음에는 이런 생각도 들었다. '이건 미국이니까 가능한 것 아니냐'는 생각이다. 아마 많은 사람이 대가들의 책을 읽으며 한번쯤 이런 의문을 품었을 것이다.

그런데 나는 그 지점에서 멈추지 않았다. 미국이라는 환경을 조금 더 구조적으로 들여다보기 시작했다. 미국에서는 한 도시에서 시작한 사업이 한 주로 확장되고, 다시 전 미국으로 퍼진다. 그 자체로도 시장이 크지만, 거기서 끝이 아니다. 언어와 문화, 제도 자체가 글로벌 스탠다드에 가깝다 보니, 미국에서 성공한 비즈니스는 자연스럽게 유럽으로, 그리고 시간이 지나 아시아로 확장된다. 이 과정이 5년, 10년에 걸쳐 이어지면서 기업의 이익이 장기간 누적된다.

예전에는 이런 확장이 물리적인 재화 중심이었다. 햄버거, 도넛 같은 브랜드가 미국에서 자리 잡고, 선진국으로 확장된 뒤, 다시 신흥국과 후진국으로 내려가는 데 상당한 시간이 걸렸다. 그 시간이 길수록 매출은 계속 쌓였다. 그래서 기업의 성장 곡선이 완만하지만 오래 유지됐다.

지금은 속도가 훨씬 빨라졌다. 스마트폰 하나로 모든 사업이 전개된다. 넷플릭스 같은 서비스는 국경을 거의 느끼지 않고 순식간에 글로벌로 퍼진다. 이걸 보면서 확신이 생겼다. 기업의 이익을 장기적으로 키우는 가장 강력한 엔진은 해외 확장성이라는 사실이다. 우리나라 시장은 너무 작다. 결국 해외로 나갈 수밖에 없고, 그 준비를 하고 있는 기업을 찾아야 한다. 돌이켜보면 내 수익에 크게 기여했던 종목들은 대부분 이 공통점을 갖고 있었다.

이 경험들이 쌓이면서 투자 기준은 점점 정교해졌다. 이제는 막연히 좋은 기업을 찾는 게 아니라, 구조적으로 이익이 늘어날 수밖에 없는 기업만 보자는 쪽으로 정리됐다. 일시적인 테마가 아니라 구조적 변화인지, 국내가 아니라 해외에서 판이 커지는 이야기인지, 그 관점으로만 뉴스를 보고 신문을 읽기 시작했다. 많이 잡으려 하지 말고, 하나만 제대로 걸리면 된다는 생각으로 말이다.

그러면서 성장주에 대한 기준도 점점 또렷해졌다. 성장주는 결국 확장성이라는 결론에 이르렀다. 국내 시장에서 어느 정도 자리를 잡고 끝나는 기업이 아니라, 국내를 지배한 이후 해외로 나갈 수 있는 기업, 글로벌 시장에서 경쟁력을 가질 수 있는 기업이어야 한다는 생각이다.

이런 성장주는 확장성이 본격적으로 열리는 구간까지는 사실상 사이클이 존재하지 않는다. 주가 역시 밸류에이션(valuation, 기업 가치 평가)보다는 미래 이익이나 성장에 대한 기대감만으로 가파르게 올라간다. 핵심은, 이때는 밸류에이션을 무시하고 주가가 상승한다는 것이다.

시장이 열리고, 수요가 폭발적으로 늘어나는 시기에는 경기 변동보다 구조적 성장이 더 크게 작동한다. 물론 언젠가는 성숙기에 접어들 것이고, 그 이후에는 무한정 성장할 수 없다. 하지만 성숙기에 들어서기 전까지, 우리나라 기업 중 누가 그 과실을 가장 크게 가져갈 수 있을지를 고민하면 답은 나온다.

이런 관점에서 굴뚝 산업, 전통 제조업을 다시 보게 됐다. 처음에는 이런 산업을 좋게 봤지만, 점점 시각이 달라졌다. 글로벌 시장에서 중국과 정면으로 경쟁해야 하는 산업은 장기적으로 불리하다고 판단했다. 철강, 화학은 이미 중국에 상당 부분을 내줬고, LCD와 디스플레이 역시 같은 흐름을 겪고 있다. 가격 경쟁으로 들어가는 순간, 구조적으로 이익이 남기 어려워진다.

그래서 중국과의 경쟁에서 상대적으로 자유로운 영역을 찾는 데 집중했다. 단순히 주가가 싸다는 이유로 접근하지 않았다. 싸다면 반드시 싼 이유가 있다고 봤다. 그 이유가 중국과의 경쟁 때문인지, 매출 성장이 꺾였기 때문인지, 확장성이 사라졌기 때문인지, 아니면 이미 다운사이클에 들어갔기 때문인지를 먼저 따졌다. 그런 경우라면 아무리 싸 보여도 과감히 제외했다.

대신 선택한 기준은 명확했다. 성장이 실제로 나오고 있는가, 업사이클로 진입하고 있는가, 그리고 그 성장이 일시적인 반등이 아니라 구조적인 변화에서 비롯된 것인가. 이 세 가지를 충족하는 기업만 보겠다고 정했다. 그 이후로는 뉴스도, 신문도, 리포트도 모두 그 기준 위에서만 읽기 시작했다.

내 생각을 만들어가는 과정

이런 기준으로 접근하다 보니 성공 사례가 점점 쌓이기 시작했다. 그러다 보니 자연스럽게 확신도 생겼다. 우리나라에서 10년에 한 번 나올까 말까 한 산업이 있다면, 나는 그게 엔터주와 2차전지라고 생각했다.

결과도 그 생각을 증명해줬다. 엔터주는 투자한 기간만 놓고 보면 꽤 오래됐지만, 본격적인 성장이 나타난 시점은 사실 코로나 이전이다. 유튜브가 본격적으로 대중화되기 시작한 2019년 전후부터였다.

그 시기를 기점으로 케이팝은 완전히 다른 차원의 산업이 됐다. 시장의 판 자체가 뒤바뀌었다고 느꼈다. 이전에는 국내와 아시아 중심의 산업이었다면, 그때부터는 글로벌 소비를 전제로 한 산업으로 성격이 바뀌었다. 이 변화가 보이자 판단이 섰다.

시대가 바뀌고 업황이 바뀌면서 2차전지나 엔터사들도 지금은 성장 국면에서 멀어졌지만, 지금도 2차전지와 엔터 섹터를 여전히 애정한다. 단순히 수익을 냈기 때문이 아니라, 이 과정을 통해 얻은 경험 자체가 굉장히 큰 자산이 되었기 때문이다.

이런 경험이 쌓이다 보니, 이후에 새로운 산업이 등장했을 때도 접근 방식이 달라졌다. 우리나라만의 경쟁력이 있는 산업은 무엇일지, 새로운 성장 국면이 열린다면 그 수혜는 어떤 기업으로 연결될지를 먼저 고민하게 된다. 그리고 그 생각을 기록하고, 실제 투자로 검증해본다. 이 과정을 반복하면서 실력은 자연스럽게 쌓였다.

사실 방법이 따로 있는 것은 아니다. 교과서가 있어서 그대로 따라 하면 되는 구조도 아니다. 그냥 해야 한다. 매일 투자할 생각을 하고, 신문을 읽고, 리포트를 읽는 일을 반복해야 한다. 중요한 건 단순히 읽는 데서 끝내지 않는 것이다. 그 안에 자기 생각을 담아내야 한다. 남의 의견에 동조하는 연습이 아니라, 내 생각을 정리하는 연습이 필요하다.

처음에는 당연히 어렵다. 하지만 이 사람이 이런 주장을 하는구나, 그런데 다른 리포트를 보니 전혀 다른 의견을 내고 있네, 그렇다면 저 사람은 어떤 전제를 가지고 이런 결론에 이르렀을까, 이런 질문을 던지기 시작해야 한다. 여러 관점을 동시에 보고, 그사이에서 내 생각을 만들어가는 과정이 필요하다. 그래야 실력이 는다.

30%의 이론이 중요한 이유

내가 보기에 투자의 기본이 되는 이론은 전체 투자에서 30% 정도이고, 실전 경험이 70%다. 하지만 그 30%가 결정적으로 중요하다. 기본적인 공부라는 것은 지식을 쌓기 위한 행위가 아니라, 내 판단력을 키우기 위한 토대이기 때문이다. 결국 투자는 판단의 게임이고, 판단을 하려면 정보가 필요하다. 문제는 그 정보를 혼자서 다 만들어낼 수는 없다는 데 있다.

그래서 우리는 신문을 보고, 스터디를 하고, 투자자 모임에 나가고, 텔레그램 같은 채널도 보게 된다. 이런 것들은 전부 인풋(input)이다. 하지만 자기 실력이 없는 상태에서는 이런 인풋이 오히려 독이 된다. 이 말도 맞는 것 같고, 저 말도 맞는 것 같다. 누구 말이든 그럴듯하게 들린다. 기준이 없기 때문이다.

여기서 30%의 공부가 힘을 발휘한다. 기본 공부가 어느 정도 단단하게 쌓여 있으면, 정보가 걸러지기 시작한다. '이건 쓸데없는 정보', '이건 이미 다 알려진 이야기'라는 게 보인다. 혹은 모두가 아는 이야기 속에서도 사람들이 놓치고 있는 포인트가 보인다. 그때부터 공부는 받아들이는 과정이 아니라, 불필요한 걸 쳐내는 과정으로 바뀐다.

그럼 나머지 70%는 뭘까? 인풋을 받아들이고 걸러내는 작업, 그리고 그 결과를 실제 투자로 실행하는 과정이다. 여기에 몇 종목에 투자할 것인지, 집중할 것인지 분산할 것인지 같은 전략적 선택까지 더해져야 비로소 하나의 투자 시스템이 완성된다.

이걸 갖추는 데는 최소 3년 이상이 걸린다고 본다. 많은 사람이 1년, 2년 공부해보고 나서 실력이 늘지 않는다고 말한다. 당연하다. 코끼리의 코만 만지고 있기 때문이다. 산업을 통으로 보지 못한 채, 조각난 정보만 붙잡고 있으니 전체 그림이 나올 수 없다. 그래서 산업 공부도 해보고, 스스로의 기준을 세워보고, 스터디에 나가서 다른 사람에게 설명해보는 과정이 필요하다. 설명할 수 있어야 진짜 내 것이 된다.

최근에 한 유명 투자자와 특정 기업에 대해 이야기를 나눈 적이 있다. 왜 그 기업을 좋게 보는지 묻자, 그는 쉬지 않고 40분 동안 설명했다. 과거 몇 년 전 이야기까지 포함해 질문을 던졌는데, 막힘없이 답했다. 그 정도면 단순한 투자자가 아니라, 거의 애널리스트라고 해도 무방하다. 그건 재능이 아니라 공부의 밀도다. 확신을 가지기 위해 그만큼 파고든 것이다.

그 정도가 되어야 남의 말에 흔들리지 않는다. 그리고 남에게도 설명할 수 있다. 흔히 말하는 2분 요약, 핵심 투자 아이디어를 짧은 시간 안에 말로 풀어낼 수 있어야 한다. 더 나아가, 한 기업에 대해 어떤 질문이 들어와도 한두 시간은 충분히 이야기할 수 있어야 한다. 그 수준에 도달하려면 압도적인 공부량이 필요하다.

공부에는 시간이 걸린다. 이론적으로는 다 이해한 것 같아도, 실전에 들어가면 전혀 다른 문제다. 예를 들어 김연아 선수의 동작을 유튜브로 수백 번 본다고 해서 바로 빙판 위에서 그 동작이 나오지는 않는다. 실제로 몸이 익숙해지기까지는 시간이 필요하다.

투자도 그렇다. 실전까지 가는 데 보통 3년 이상은 걸린다. 그런데 대부분의 사람들은 그전에 포기한다. 공부는 하는데 계좌를 보면 엉망이다. 특히 시장이 안 좋을 때, 가장 많이 시장을 떠난다. '주식은 도박'이라는 말, '주식하면 인생 망한다'는 말, 안 좋은 기억만 가지고 떠난다.

하지만 3년, 5년을 버티고 나면 상황이 달라진다. 감이 잡히기 시작하고, 실전 투자에서 성과가 나오기 시작한다. 그때부터는 남들보다 훨씬 나은 결과를 만들 수 있다.

경험상 90%는 중도에 포기한다. 3년도 못 견딘다. 남은 10% 중에서도 9%는 3년 이상 버텨서 꽤 괜찮은 성과를 낸다. 그리고 1%는 정말 압도적인 성과를 만든다.

그 1%가 되려면 조건이 있다. 거의 매일 투자 생각을 해야 한다. 공부를 습관처럼 해야 하고, 투자를 삶과 단절된 행위가 아니라 삶의 관점으로 가져가야 한다. 세상을 보는 눈 자체가 투자자 마인드로 바뀌어야 한다.

30대에 이미 수십억의 자산을 만든 사람들을 보면 공통점이 있다. 하루 종일 투자 생각만 한다. 나도 아침에 눈을 뜨는 순간부터 투자 생각을 한다. 그 정도의 밀도가 아니면, 시장에서 오래 살아남기 어렵다.

2장

투자 불패!
이기는 공부법

WINNING INVESTMENT

타인의 지식을
레버리지 삼아라

주식 강의는 어디서 들을까?

"주변에 주식 투자에 대해 물어볼 사람이 없어요."

이런 말을 자주 듣는다. 주식을 하는 사람은 많은데, 정작 제대로 물어볼 사람은 없다고 한다. 그래서 대부분은 혼자 헤맨다. 혼자 헤매다 보면 결국 손이 가는 곳은 정해져 있다. 누가 정리해둔 요약, 누가 찍어주는 종목, 누가 대신 판단해주는 말. 공부할 시간은 없는데 수익은 내고 싶은 마음이 커지면, 우리는 어느새 '정보'가 아니라 '대신 결정해줄 사람'을 찾게 된다.

요즘은 사실 방법이 많다. 마음만 먹으면 증권사 웹사이트를 돌아다니며 리포트를 직접 다운받을 수도 있고, 회원 가입만 해도 볼 수 있는 자료가 꽤 많다. 리포트를 모아주는 유료 앱에 가입하는 것도 좋다. 술 한 번 덜 마시고, 외식 한두 번 줄이면 마련되는 비용이다. 공부를 '연습 비용'이라고 생각하면 어떨까.

리포트를 모아주는 서비스는 여러 개가 있다. 대표적으로 에프앤가이드에서 운영하는 와이즈리포트 같은 앱이 있다. 기업 리포트, 산업 리포트, 매크로, 채권, 전략 자료까지 거의 아침에 빠르게 올라온다. 관심이 생기면 검색해서 즉시 찾아볼 수도 있다. 인풋을 확보하는 데 있어 이런 방법이 꽤 효율적이다.

유료 구독이 부담스럽다면 텔레그램처럼 큐레이션된 채널만 봐도 된다. 나도 매일 아침, 개인 자료용 네이버 카페에 리포트를 올린다. 그러나 모든 리포트를 다 올릴 수는 없다. 대신 내가 관심 있는 내용, 괜찮다고 판단한 리포트, 트레이딩 관점에서 참고할 만한 종목 위주로 추린다. 그걸 따라가며 읽는 것만으로도 충분한 훈련이 될 것이다.

여기서 많은 사람이 두 번째 질문을 한다.

"주식의 기본 소양을 기를 수 있는 강의가 따로 있나요?"

주식은 정식 커리큘럼이 있는 세계가 아니다. 대학처럼 정규 과정이 있어서 그걸 수료하면 실력이 오르는 구조가 아니다. 강의가 도움이 될 수는 있지만, 강의를 들었다고 실력이 자동으로 생기지는 않는다.

강의 시장이 비싼 이유는 수요가 있기 때문이다. 그리고 검증된 사람에게 사람들이 몰린다. 학원에서 1타 강사를 찾아가듯, 주식에서도 오래 버티고 성과를 낸 사람에게 사람들이 돈을 낸다. 학원에서 강사의 성과가 '서울대에 몇 명 보냈나'로 평가되듯, 이 바닥에서는 결국 수익률이 그것에 해당한다. 오래 살아남았고, 자기만의 콘텐츠가 있고, 설명이 일관된 사람이라면 적당한 가격대의 강의는 들어볼 만하다. 10만 원 단위 정도로 '기초 강의'를 경험해보는 건 나쁘지 않다.

하지만 선을 넘으면 이야기가 달라진다. 300만 원, 500만 원짜리 강의, 차트 강의에 몇백만 원을 태우는 것, 종목 찍어준다며 고액을 받는 것. 그런 건 추천하지 않는다. 그 돈으로 차라리 주식을 사는 게 낫다. 물리더라도 직접 해보는 게 더 싸게 배우는 길일 수 있다. 최소한 그건 내 경험으로 남는다.

특히 '수익률을 잘 냈다'면서 강의 내내 차트만 그리는 사람은 피해야 한다. 그런 사람들은 대개 감으로 투자하는 사람들이다. 감으로 돈을 번 건 존중할 수 있지만, 그걸 타인이 따라 하는 건 거의 불가능하다. 초보일수록 따라 했다가 돈만 날린다.

그렇다면 무엇을 듣는 게 좋을까? 차트 기법이 아니라 특정 산업을 배우는 게 좋다. 반도체면 반도체, 2차전지면 2차전지처럼 구조를 이해하는 강의는 들어볼 가치가 있다. 대신 레퍼런스를 체크해야 한다. 강의 퀄리티가 괜찮은지, 말이 일관적인지, 자료가 실제로 도움이 되는지, 무엇보다 강의자가 내실이 탄탄한지 확인해야 한다.

앞서 주식 공부는 이론이 30%이고, 실전 경험이 70%라고 했다. 투자는 예체능이라는 말도 했다. 김연아 선수에게 원데이 클래스를 받으면 "아, 피겨는 이렇게 하는구나"는 알 수 있다. 그런데 따라 하면 바로 될까? 절대 안 된다. 몸이 안 따라온다. 주식도 똑같다. 강의 한 번으로는 턱도 없다.

여기서 가장 중요한 태도가 하나 있다. 대충 보면 대충밖에 모른다. 뭘 보든 그냥 쓱 넘기면 남는 게 없다. 강의자가 왜 이 부분에 밑줄을 쳤는지, 왜 이 코멘트를 달았는지, 그 의도가 무엇인지 스스로 한번은 멈춰서 생각해야 한다. 이해가 안 되면 다시 찾아봐야 한다. 그 시간이 10만 원, 20만 원, 100만 원짜리 강의보다 더 값질 수 있다.

리포트도 마찬가지다. 주말에 하루 날 잡고 리포트를 쭉 훑은 뒤, 내가 관심 있는 섹터나 종목이 나오면, 거기서 멈춰서 깊게 읽어라. 왜 이 리포트를 올렸는지, 이 기업의 포인트가 무엇인지, 애널리스트가 강조한 문장이 무엇을 뜻하는지 스스로 해석해보라. 이 해석의 반복이 결국 실력을 만든다.

주식 공부를 체계적으로 한 방에 끝내고 싶다는 마음을 이해한다. 하지만 그런 길은 없다. 퍼즐 맞추기와 똑같다. 처음에는 이게 어떤 그림인지도 모르고, 조각이 어디에 들어가는지도 모른다. 그런데 세 번, 네 번, 다섯 번 반복하면 감이 생긴다. "이 조각은 예전에 저 근처에서 봤는데"라는 감각이 생기고, 나중에는 거의 눈 감고도 맞출 수 있다. 다만 그 경지까지 가려면 부단한 노력이 필요하다.

그래서 나는 투자 공부 기간을 적어도 2년에서 3년으로 본다. 5시간짜리 강의에 20만 원, 30만 원을 냈다고 해서 그 시간을 단축할 수는 없다. 결국은 하나를 보더라도 정성스럽게, 디테일하게, 스스로 이해하려고 파고드는 시간이 쌓여야 한다. 그게 가장 확실하게 실력을 올리는 길이다.

투자 스터디를 하면 도움이 될까?

투자는 본질적으로 혼자 하는 일이다. 판단도 혼자 하고, 책임도 혼자 진다. 그래서 외롭다. 혼자 공부하다 보니 한계가 느껴졌다. 주변을 보니 다른 사람들도 '동료가 필요하다'고 말했다. 투자 이야기를 할 수 있는 사람, 생각을 주고받을 수 있는 사람이 없다는 것이다.

당시 가치투자연구소 같은 곳을 보면 스터디 모집 글이 꽤 있었다. 몇 번 지원해봤는데 번번이 떨어졌다. 실력도 없었고, 보여줄 만한 것도 없었으니 그랬는진 모르겠다. 그래서 그냥 내가 만들기로 했다. 2015년 가을, 11월쯤이었다.

투자 이야기를 할 상대가 필요했고, 정보도 혼자보다 여럿이 나누는 게 낫다고 생각했다. 서로 알고 있는 사실과 몰랐던 사실을 공유할 수 있고, 자연스럽게 네트워크도 생긴다. 나는 그 시점에 이미 전업 투자를 어렴풋이 생각하고 있었기 때문에, 그전에 사람들과의 연결을 만들어두고 싶다는 현실적인 계산도 있었다. 스터디는 지금까지 이어지고 있다.

지금까지 크고 작게 5개 정도의 스터디를 하고 있다. 점심 스터디 2개, 저녁 스터디 3개 정도가 돌아가고 있다. 솔직히 힘들다. 요즘은 체력이 예전 같지 않아서 저녁 스터디에는 자주 참석하지 못한다. 2주에 한 번임에도 불구하고 버거울 때가 있다. 하지만 체력이 되고 열정이 있다면 최소 2개 정도는 해볼 만하다고 생각한다.

스터디의 가장 큰 장점은 강제성이다. 첫 스터디는 종목 발표 스터디였다. 매주 화요일 저녁 7시, 여의도에서 모였다. 매주 두 명씩 발표를 했다. 발표를 해야 하니 준비를 안 할 수가 없다. 질문이 나오면 답을 해야 하고, 답을 못 하면 다음 주까지 숙제가 된다.

그 준비 과정에서 엑셀을 쓰고, PPT를 만들고, 워드로 정리한다. 투자 아이디어, 기업 분석, 재무제표, 사업 구조, 주주 구성까지 정리하다 보면 공부를 '당할 수밖에 없는' 환경이 된다.

물론 모든 스터디가 다 좋은 건 아니다. 그냥 모여서 잡담만 하다 끝나는 스터디도 있고, 실질적인 성장이 없는 경우도 있다.

좋은 스터디에는 몇 가지 공통점이 있다. 멤버들의 실력이 일정 수준 이상이거나, 네트워크가 자연스럽게 형성되거나, 서로에게 자극이 되는 구조를 갖고 있다. 그렇다고 해서 스터디에서 엄청난 대박 종목이 튀어나오는 건 아니다. '이거 당장 사야겠다'는 결론은 거의 나오지 않는다.

대신 남는 건 시선이다. '저 사람은 저렇게 분석하는구나', '저런 질문을 던지는구나', '저런 포인트를 중요하게 보는구나' 하는 걸 느낄 수 있다. 전업 투자자, 증권사나 운용사에 있는 사람들과도 자연스럽게 네트워킹할 수 있다. 탐방 자료를 공유받거나 정보를 주고받는 일도 생긴다. 일방적인 정보 수급이 아니라, 품앗이 같은 구조다.

이 점은 사실 토익 스터디나 다른 공부 스터디와 크게 다르지 않다. 약간의 경쟁 의식도 있고, 토론도 있고, 자연스럽게 동료애가 생긴다. 무엇보다 혼자가 아니라는 느낌이 생긴다. 그게 생각보다 크다.

스터디를 직접 만들어보자

우선은 스터디에 한번 지원해보길 바란다. 떨어질 수도 있고 좌절감을 느낄 수도 있다. 그런데 그 좌절감이 오히려 중요한 신호다. 내가 지금 스터디를 할 준비가 되어 있는지, 아니면 아직은 혼자서 더 쌓아야 할 단계인지를 알려주기 때문이다.

스터디는 '가서 종목 좀 들어보자'는 마음으로 참여하는 자리가 아니다. 최소한 나만의 시선, 나만의 관점, 완벽하지 않더라도 하나의 종목에 대해 이야기할 수 있는 준비는 되어 있어야 한다. 스터디는 실력이 없는 상태에서 구경하러 가는 곳이 아니라, 이미 쌓아둔 것을 더 키우는 자리다.

그리고 그 과정에서 가장 중요한 태도는 받으려고 하기 전에 먼저 주는 것이다. 스터디에서 얻으려는 생각보다, 내가 무엇을 줄 수 있는지를 먼저 고민해야 한다. 그래야 실력이 는다.

그래서 나는 개인적으로 스터디에 '지원하는 것'보다 '직접 만드는 것'을 더 추천한다. 용기가 필요하긴 하지만, 장점이 훨씬 많다. 내가 만들면 책임감이 생긴다. 자연스럽게 모임장이 되고, 준비를 안 할 수가 없다. 톡방도 활성화해야 하고, 주제도 고민해야 하고, 스터디 방향도 잡아야 한다. 힘들긴 하지만 그만큼 강제성이 커지고, 실력도 빨리 는다. 무엇보다 스터디의 성격을 내가 주도할 수 있다. 어떤 사람들과 함께할지, 어떤 분위기로 갈지, 어떤 수준을 지향할지 스스로 정할 수 있다.

가능하다면 여의도에서 스터디를 만들어보는 것도 좋다. 물론 쉽지는 않다. 퇴근 후 이동도 번거롭고 체력도 필요하다. 하지만 여의도에는 금융회사 재직자, 운용사, 자문사 출신들이 많다. 스터디를 모집하면 지원자의 결 자체가 달라진다. 현직에 있는 사람들이 많이 들어오고, 그만큼 금융적인 사고방식과 투자 언어에 더 자주 노출된다. 물론 현직이라고 해서 모두 잘하는 것은 아니지만, 환경이 주는 영향은 분명히 있다.

스터디 방식은 다양하게 할 수 있는데, 내 경험에 따르면 크게 4가지 방식이 있다.

1. 기업 분석 발표 스터디

돌아가면서 한 종목씩 깊게 파는 방식이다. 장점은 분명하다. 한 기업을 구조적으로 이해하게 되고, 남에게 설명할 수 있는 수준까지 올라간다. 단점도 있다. 시의성이 떨어질 수 있고, 발표를 위한 발표가 될 위험도 있다.

2. 산업 스터디

이건 상당히 좋지만 부담도 크다. 준비하는 데 시간이 많이 들고, 어느 정도 기초 체력이 있는 사람들에게 더 잘 맞는다. 대신 한번 제대로 하면 시야가 크게 넓어진다.

3. 종목 투자 아이디어 중심의 토론 스터디

요즘 보고 있는 종목, 투자 아이디어, 매수·매도 논리를 공유한다. 실전 감각을 키우는 데는 좋다. 다만 공부의 깊이 측면에서는 각자가 따로 보완해야 한다.

4. 탐방 중심 스터디

각자 다녀온 탐방 내용을 공유하고, 인상 깊었던 기업에 관해 이야기한다. 네트워크가 강한 스터디일수록 효과가 크다.

어떤 방식이 정답이라는 건 없다. 중요한 건 지금 자신의 실력과 환경에 맞는 형태를 고르는 것이다. 초보 단계라면 기업 분석이 기본이다. 그러다 점점 실력이 쌓일수록 산업, 투자 아이디어, 탐방으로 확장해가는 흐름이 좋다.

기업 탐방은 어떻게 할까?

탐방에는 정해진 공식이 없다. 대중적인 루트도 없다. 대부분은 책상 앞에서 시작된다. 신문 한 줄, 리포트의 각주, 인터뷰 말미에 던져진 문장 하나 같은 것들이다.

"이 회사가 새로운 걸 하겠다더라."

"이 기술이 상용화 단계에 들어간다더라."

"시장에서는 매출이 늘 수 있다고 기대한다더라."

이런 말들이 눈에 콕 들어올 때, 이건 더 확실히 알아볼 필요가 있겠다는 생각이 든다. 아직 숫자로 증명되지는 않았지만, 기업의 이익 증가와 연결될 가능성이 느껴진다. 그것을 확인하기 위해 기업에 탐방을 가는 것이다.

탐방은 매수를 위한 행동이 아니다. 확인의 과정이다. 뉴스가 말하는 미래가 실제 현장에서는 어떤 온도로 느껴지는지, 그 기술이 말뿐인지 아니면 이미 준비 단계에 들어갔는지를 직접 보고 느끼는 일이다. 그래서 가서 묻고, 보고, 분위기를 읽는다. 매수는 그다음 문제다. 탐방의 목적은 '사기 위해서'가 아니라 '알아두기 위해서'다.

이 과정은 아직 주목받지 않은 섹터에서 특히 힘을 발휘한다. 반도체만 봐도 그렇다. HBM은 이미 한 사이클을 지나 대중화 단계에 들어섰다. 그다음은 무엇일까? 유리기판, 하이브리드 본딩 같은 이야기들은 뉴스보다 먼저 업계 안에서 돈다. 키워드가 귓가에 스치면 질문은 하나다.

"이 흐름에 실제로 연결된 회사는 어디인가?"

이름이 보이면 그제야 묻는다. 정말 들은 대로 하고 있는지, 어느 단계까지 와 있는지. 이때 중요한 건 지금 주가가 오를지 내릴지가 아니다. 머릿속 서랍에 이 회사를 넣어두는 일이다.

그래서 미리 공부해두되, 바로 사지는 않는다. 이건 씨앗을 미리 사서 창고에 넣어두는 것과 비슷하다. 지금 심을 땅이 아니면 기다린다. 어느 순간 시장이 그 씨앗을 필요로 하는 시점이 온다. 그때가 되면 자연스럽게 떠오른다.

"지금쯤이면 예전에 봐뒀던 그 회사가 수혜를 볼 수 있겠구나."

이런 투자자의 일상은 결국 읽기의 반복이다. 신문과 리포트를 매일 보는 이유는 미래를 맞히기 위해서가 아니다. 미래가 올 수밖에 없는 경로를 미리 그려두기 위해서다. 정책도 그렇다. 결정은 어느 날 갑자기 나지만, 그전에 어떤 산업을 밀 수밖에 없는지는 이미 다 나와 있다.

행사는 특히 좋은 힌트를 준다. 미래는 예측할 수 없지만, 행사는 일정이 정해져 있다. CES, 실적 발표 컨퍼런스콜, 인터배터리 미디어데이 같은 것들이다. 몇 년만 쌓아보면 흐름이 보인다. 그래서 나는 뉴스가 나오기를 기다리지 않는다. 행사 일정부터 본다. 준비된 사람과 뒤늦게 반응하는 사람의 수익률은 결국 여기서 갈린다.

탐방은 필수가 아니다. 탐방을 하지 않아도 좋은 판단을 하는 사람은 많다. 중요한 건 탐방이라는 행위가 아니라, 산업과 기업을 얼마나 깊이 이해하고 있느냐다. 결국 주가는 과거 실적이 아니라, 앞으로 회사가 어떤 모습으로 바뀔 수 있는지를 먼저 반영한다. 탐방은 그 변화를 미리 알아보기 위한 하나의 방법일 뿐이다.

신문과 리포트로
투자 기본기를 쌓아라

신문 읽기로 투자의 기초 체력을 길러라

나는 아침마다 신문과 리포트를 읽는다. 신문에서 먼저 언급된 종목이 리포트로 이어지는 경우도 있고, 리포트에 나온 종목이 다시 신문에 등장하기도 한다. 속도 면에서는 신문이 조금 더 빠르다. 그래서 둘 다 병행한다.

이 습관은 2014년부터 시작됐다. 처음에는 그냥 신문을 읽는 수준이었고, 본격적으로 스크랩을 하기 시작한 건 2015년쯤이었다. 그렇게 계산해보면 벌써 8~9년 가까이 같은 루틴을 반복하고 있는 셈이다. 이 정도 시간이 쌓이면, 노하우가 생길 수밖에 없다.

처음부터 지금처럼 읽었던 건 아니다. 초반에는 출퇴근길 지하철에서 아이패드로 신문을 읽고, 읽은 기사는 내가 운영하는 온라인 카페에 링크를 걸어두는 정도였다. 지금 생각하면 단순한 기록이었지만, 중요한 건 그 시점부터 '매일 읽는다'는 리듬이 생겼다는 점이다.

지금은 신문을 7개 정도 보는데, 시간이 30~40분 정도 걸린다. 물론 종이 신문을 쌓아놓고 첫 장부터 끝 장까지 다 읽는 건 아니다. 전부 인터넷 신문이고, 경제면, 그중에서도 투자와 직접적으로 관련 있는 기사만 본다.

제목을 먼저 훑고, '이건 읽을 가치가 있다'고 판단되면 본문을 읽는다. 그것도 정독이 아니라 속독이다. 요즘 시장에서 뭐가 화제인지, 어떤 산업이 잘 나가고 있는지, 어떤 쪽에서 수요가 늘고 있는지, 기업 실적과 연결될 만한 변화가 있는지, 시장 전체 분위기가 어떤지…. 이런 것들만 골라서 읽는다. 숫자가 나오는 기사, 산업 구조를 설명하는 기사, 특정 기업의 매출이나 수요 이야기가 나오는 기사에는 조금 더 신경을 쓴다.

신문 기사를 보다 보면 기술적인 내용을 꽤 자세하게 풀어 설명해주는 좋은 기사도 많다. 신문은 누구나 읽을 수 있는 매체이기 때문에 최대한 쉽게 풀어서 서술한다. 경제 용어 역시 그냥 던져놓지 않고 설명을 덧붙여주는 경우가 많다.

신문을 7개씩 읽는다는 것이 부담스럽게 느껴질 수도 있다. 하지만 초반에는 정독을 하는 것이 좋다. 이 과정은 기초 지식을 채워 넣는 시간이다. 신문을 읽는다는 것은 주식 투자에 필요한 기초 체력을 기르는 일에 가깝다.

초반에는 정독에 시간이 많이 걸리지만, 꾸준히 하다 보면 읽는 속도와 이해도가 눈에 띄게 올라간다. 신문을 읽다 보면 주식 투자와 관련된 경제 상식, 용어, 처음 접하는 영어 표현들이 계속 등장한다. 처음에는 낯설지만 반복해서 접하다 보면 점점 익숙해진다.

2년 정도만 꾸준히 신문을 읽어도 훨씬 빠르고 효율적으로 읽을 수 있는 능력이 생긴다고 생각한다. 이 정도 시간이 쌓이면 신문 읽기는 더 이상 부담이 아니라 기본이 된다.

어떤 리포트를 읽을까?

산업은 매일 급격하게 변하지는 않지만, 그 안에는 수십 개의 기업들이 있다. 그 기업들의 기술적 발전이나 최근 업데이트 상황을 파악하기에는 리포트가 유용하다. 그리고 기왕이면 대형 증권사 리포트를 중심으로 보는 것이 낫다고 본다. 삼성증권, 한국투자증권, 미래에셋 정도 되는 증권사들은 산업 리포트가 비교적 잘 나온다. 이런 대형 증권사들은 인력 풀에 여유가 있기 때문에 애널리스트가 커버하는 영역이 상대적으로 집중되어 있다.

반면 중소형 증권사의 경우에는 한 사람이 여러 섹터를 동시에

담당하는 경우가 많다. 엔터, 드라마, 여행, 카지노처럼 전혀 다른 산업을 한꺼번에 커버하는 경우도 있다.

그런 리포트보다는 대형 증권사의 리포트가 안정적이라고 느낀다. 그래서 아주 작은 회사들의 리포트까지 굳이 다 볼 필요는 없다고 생각한다. 시간은 한정돼 있기 때문이다.

다만 분량이 유난히 많은 리포트는 관심 있게 본다. 산업 리포트 중에서 100페이지, 150페이지, 200페이지에 달하는 리포트가 있다면 눈여겨본다. 자료가 많고, 그 애널리스트가 해당 산업을 깊이 있게 공부했다는 증거이기 때문이다. 그런 리포트는 공부용으로 가치가 있다.

기업 리포트는 대부분 업데이트용이기 때문에 100페이지짜리는 거의 본 적이 없다. 하지만 기업 리포트임에도 20페이지, 30페이지 정도로 비교적 길게 나온 경우라면 좋은 리포트라고 본다. 특히 IR 협의회에서 나오는 리포트들이 그런 경우가 많다. IR 협의회 리포트는 기업 리포트이면서도 분량이 길고 내용이 충실한 편이라 공부하는 데 도움이 된다.

마지막으로 서울대 주식투자연구회 자료도 참고할 만하다고 본다. 이들은 한 달에 한 번씩 조별로 4~5개 정도의 기업을 발표한다. 기업 리포트 형식이지만, 해당 기업이 속한 산업까지 함께 분석해 놓은 자료가 많다. 본인들이 공부용으로 만든 자료이기 때문에 개인 투자자가 공부 목적으로 활용하기에도 괜찮은 리포트라고 생각한다. 이런 자료들까지 참고하면 충분하다고 본다.

관심이 가는 리포트부터 봐라

증권사 리포트는 형식이 거의 비슷하다. 첫 페이지에 기업명, 시가총액, 밸류에이션 등이 요약돼 있고, 오른쪽에는 핵심 내용이 압축돼 있다. 이후 5~6페이지 정도로 구성되며, 실적 테이블, 분기별 실적, 연간 실적, 밸류에이션 산정, 마지막에는 과거 재무제표가 정리돼 있다. 익숙해지면 어디에 어떤 정보가 있는지 바로 알게 되고, 보고 싶은 숫자나 투자 아이디어를 빠르게 찾을 수 있게 된다. 이 과정이 쌓이면서 읽는 속도가 빨라진다. 하지만 매일 꾸준히 보지 않으면 절대 늘지 않는다.

하루에 나오는 리포트 수는 기업 리포트만 해도 거의 40~50개에 이르고, 산업 리포트까지 합치면 하루 60~70개, 많을 때는 100개 가까이 나오기도 한다. 실적 발표 시즌에는 그 수가 더 늘어난다. 이 모든 리포트를 다 읽는 것은 현실적으로 불가능하다. 그래서 최대한 많이 읽되, 자신의 수준과 경험에 따라 읽는 방식을 달리해야 한다고 생각한다.

내가 초보였을 때는 웬만한 리포트를 다 읽으려고 했다. 산업에 대한 이해도가 없었기 때문에 일단 시도해보는 것이 중요하다고 생각했다. 시간이 나는 대로, 닥치는 대로 읽었다. 그러다 보니 자연스럽게 걸러지기 시작했다. 읽어도 도무지 이해가 되지 않는 산업이나 기업이 있었고, 그런 것들은 과감하게 버렸다.

무엇을 읽어야 할지 모르겠다면, 일단 읽고 싶은 것부터 읽는 것이 좋다. 사람마다 성장 과정이나 전공, 직업에 따라 관심이 가는 영역과 잘 이해되는 산업이 있기 마련이다. 그런 분야 위주로 읽어도 충분하다. 공부를 지속하기 위한 습관을 만드는 것이 가장 중요하기 때문이다. 재미가 없으면 중간에 끊기게 된다. 흥미 있는 분야를 중심으로 읽다 보면 리포트 형식에도 점점 익숙해진다.

기업 리포트를 볼 때는 먼저 '최근 이 회사에 어떤 일이 있었는가'를 확인하고, 목표가나 이익 추정치가 바뀌었다면 '어떤 논리로 상향(혹은 하향)했는가'를 본다. 숫자가 맞느냐 틀리느냐가 본질은 아니다. 예컨대 올해 이익을 100억으로 보던 추정치가 업황 개선이나 특정 이슈로 130억으로 올라갔다면, 그 숫자가 정확한지는 몰라도 방향성은 읽을 수 있다. 추정치가 올라간다는 사실 자체가 우선은 긍정적인 신호이고, 리포트에는 대개 그 이유가 적혀 있다. 개인 투자자는 그 논리를 이해하는 것만으로도 충분한 경우가 많다.

리포트는 하나만 보지 말고 여러 개를 함께 봐야 한다. 한 증권사가 이익 추정치를 올렸다면 다른 증권사들도 같은 방향인지 확인해야 한다. 특히 뚜렷한 이벤트가 없는데도 여러 증권사에서 동시에 리포트가 쏟아지는 경우가 있다. 이때는 회사가 가이던스를 제시했거나 NDR·IR 등을 통해 일정한 메시지를 전달했을 가능성이 있으니 눈여겨볼 필요가 있다. 여러 리포트가 같은 결론을 말하면 주가가 움직일 확률도 커진다.

리포트를 볼 때는 앞장을 먼저 본다. 대부분의 핵심 내용은 첫 장에 요약되어 있다. 제목과 소제목만 봐도 애널리스트가 주장하는 바와 그 논리의 방향이 드러난다. 이를 통해 이 사람이 어떤 근거로 이런 주장을 하는지 먼저 파악한다. 그중에서 괜찮다고 판단되는 리포트가 있으면, 그때부터 뒷장까지 줄을 치고 캡처를 하며 정독한다.

요약본을 통해 먼저 논리 구조를 보고, 밸류에이션도 함께 확인한다. 이 리포트에서 말하는 긍정적인 내용이 이미 주가에 충분히 반영된 것인지, 아니면 아직 여지가 남아 있는지를 살핀다.

다만 리포트를 본다고 해서 바로 매수로 이어지는 경우는 많지 않다. 한 달에 한두 종목 정도 충동을 느낀 적은 있지만, 과하게 긍정적으로 쓰인 리포트는 당일에 이미 주가에 반영되는 경우가 많다. 투자 초반에는 리포트를 보고 바로 매수하는 경우도 있었지만, 지금은 시계열을 길게 두고 장기적으로 가져갈 수 있는 기회를 찾는 쪽으로 바뀌었다.

밸류에이션을 본다는 것은 숫자 추정치를 보고 이것이 충분히 반영된 것인지 판단하는 과정이다. 증권사마다 밸류에이션 기준은 다르다. 어떤 곳은 PER, 어떤 곳은 PBR, 어떤 곳은 SOTP를 쓴다. 그래서 어떤 논리로 어떤 밸류에이션 방식을 적용했는지를 함께 본다. 동일 종목에 대해 여러 증권사 리포트가 동시에 나오거나 시차를 두고 나오는 경우가 많기 때문에, 그 리포트들을 비교하면서 공통적으로 주장하는 부분과 서로 엇갈리는 부분을 함께 살펴본다.

산업 리포트를 정독하라

공부하고 싶은 영역이 있다면 산업 리포트를 본다. 기업 리포트만 보면 한계가 있다. 기업 리포트는 스팟성에 가깝고 분량도 짧다. 대부분 4~5페이지 정도로, 최근 이슈나 최근 실적, 향후 전망 위주로만 다룬다. 회사에 대한 전체 개요가 정리된 리포트는 거의 없다.

그래서 이 회사가 어떤 산업에 속해 있고, 그 산업에서 어떤 역할을 하는지에 대해서는 정확히 알기 어렵다. 기업 리포트는 공부용이라기보다는 투자용에 가깝다. 따라서 공부를 목적으로 한다면 산업 리포트를 꼭 봐야 한다.

이때도 본인이 흥미를 느끼는 섹터부터 공부해야 한다. 공부를 해봤는데도 흥미가 생기지 않거나, 몇 번을 봐도 전혀 이해가 되지 않거나, 도저히 맞지 않는다고 느껴진다면 그 산업은 과감히 버리는 것이 맞다. 여기서 말하는 '모르겠다'는 것은 한두 번 본 수준이 아니라, 두세 번 이상 시도했음에도 전혀 감이 오지 않고 흥미도 생기지 않는 경우다. 그런 산업은 억지로 붙잡고 있을 이유가 없다.

산업 리포트는 하루에 다 읽기 어렵다. 직장생활을 하면서 아침 출근 시간이나 짧은 틈에 100페이지에 가까운 산업 리포트를 읽는 것은 불가능하다. 그래서 시간대와 상황에 맞게 공부 전략을 짜야 한다. 나의 경우 아침에 훑어보다가 괜찮은 것은 미리 다운받아 저장해두었다가, 주말에 집중해서 읽었다. 주말에 3~4시간씩 산업 리포트를 읽었는데, 단순히 눈으로만 보는 것이 아니라 캡처하고 밑줄을 긋고 정리했다.

초보 투자자들이 리포트를 어려워하는 가장 큰 이유는 전문용어를 모르기 때문이다. 증권사 리포트는 개인을 위한 자료가 아니라 기관 투자자를 전제로 작성되기 때문에 용어가 압축돼 있고 설명이 생략돼 있다. 기업 개요조차 생략되는 경우도 많다.

그래서 산업 리포트는 속독하면 안 된다. 하나를 읽더라도 아주 디테일하게 읽어야 한다. 용어 하나하나를 찾아가며 읽고, 이해되지 않으면 네이버 검색이나 번역기를 활용해야 한다. 그래도 모르면 주변에 물어보는 것도 방법이다. 한 산업을 100% 이해할 수는 없지만, 70~80% 정도 이해하면 충분하다. 한 산업을 제대로 정리해두면 같은 산업의 다른 리포트는 훨씬 수월하게 읽힌다.

해당 산업에 관심이 없더라도 제목 정도는 훑어보며 어떤 주장을 하는지 확인한다. 특히 실적과 관련된 코멘트나 이번 분기 실적이 괜찮을 것 같다는 내용이 담긴 리포트는 더 유심히 본다. 왜 해당 섹터가 좋아지는지, 왜 이 종목의 실적이 괜찮다고 판단하는지를 중심으로 본다.

산업 리포트는 전체 산업에 대한 개요부터 시작해 서사적으로 전개된다. 앞부분에서 산업의 구조와 흐름을 설명하고, 뒤로 갈수록 관련 기업들이 정리된다. 예를 들어 게임 산업 리포트라면 게임 산업 전반의 구조와 트렌드가 나오고, 최근 트렌드나 변화가 수십 장에 걸쳐 설명된 뒤, 마지막에 관련 종목들이 정리된다. 그래서 산업 리포트를 먼저 읽어두면 뒤에 나오는 기업을 이해하기가 훨씬 수월해진다. 앞부분에서 설명된 이유 때문에 이 종목이 좋다는 흐름이 자연스럽게 연결된다.

산업 공부를 하고 나서 기업 리포트를 읽으면 이해도가 완전히 달라진다. 산업의 큰 그림을 알고 있기 때문에 기업이 맡은 역할과 위치가 자연스럽게 보인다. 그래서 산업을 먼저 공부하면 기업은 따라온다. 시간을 들일 거라면 한 달에 하나 정도 산업을 깊게 파는 것이 낫다. 처음에는 시간이 많이 걸리지만, 하나라도 끝내놓으면 이후 차이는 매우 크게 난다.

톱다운(산업→기업)이든 보텀업(기업→산업)이든 방식은 중요하지 않다. 다만 섹터에 따라 접근법은 달라진다. 개인적으로 톱다운을 선호하지 않더라도, 반도체나 2차전지처럼 공정 이해가 중요한 산업은 톱다운 접근이 필수다. 전체 구조와 큰 그림을 이해한 뒤에 아래로 내려가야 기업을 제대로 읽을 수 있다. 그래야 산업과 기업이 유기적으로 연결되어 보이기 시작한다.

신규 리포트를 유심히 봐라

새롭게 커버리지를 개시하는 리포트는 그냥 흘려보내면 안 된다. 시장에서 그동안 큰 관심을 받지 못했던 종목을 다룰 가능성이 높고, 해당 애널리스트가 사실상 그 종목의 첫 번째 발견자일 수도 있기 때문이다. 애널리스트가 그 종목을 직접 들여다봤고, 나름대로 의미가 있다고 판단했기 때문에 커버리지를 시작한 것이다.

물론 신규 리포트라고 해서 무조건 잘되는 것은 아니다. 다만 처음 보는 리포트인데 내용이 유난히 탄탄하고 논리가 정교하다면 한 번은 멈춰서 봐야 한다. 여기서 가장 위험한 태도는 "내용 좋아 보이네, 그럼 바로 사야겠다"라고 생각하는 것이다. 신규 리포트일수록 더 차분하게 봐야 한다. 왜 지금 이 시점에 커버를 시작했는지, 그 논리가 정말 타당한지부터 확인해야 한다.

신규 리포트가 시장에서 주목을 받는 이유는 논리 때문이다. 그 논리가 설득력이 있으면 기관 투자자들도 관심을 가지기 시작하고, 자연스럽게 시장에서 부각된다. 실제로 신규 리포트가 나온 이후 한 달 이내에 주가가 꽤 상승한 경우들이 있었다. 수익률 역시 상대적으로 높았던 기억이 있다. 새로운 이야기, 특히 실적 변화나 사업 구조의 변화, 준비 중인 신규 모멘텀이 담긴 리포트일수록 반응이 빨랐다.

이게 정말 신규 리포트인지 확인하는 방법은 어렵지 않다. 최근

6개월에서 1년 정도 리포트를 검색해보면 된다. 매달 비슷한 제목, 비슷한 투자 아이디어로 반복되는 리포트라면 신규성이 없다. 반대로 7~8개월, 혹은 1년 이상 커버가 없다가 갑자기 나온 리포트라면 회사에 뭔가 변화가 생겼을 가능성이 크다. 이런 경우는 그 변화가 실제로 있는지 유심히 봐야 한다.

매일 보다 보면 감이 생긴다. 한 번도 보지 못했던 리포트가 갑자기 튀어나오면 느껴진다. 특히 상장된 지 오래되지 않은 기업인데 갑자기 증권사 리포트가 나오기 시작하면 눈여겨볼 필요가 있다.

신규 리포트에서 목표가가 제시되지 않아도 괜찮다. 목표가가 있든 없든 중요한 것은 애널리스트가 어떤 논리로 이 회사를 새롭게 커버하기 시작했는지다. 목표가는 참고하는 정도면 충분하다. 시중에는 목표가 상승 여력이 70~80%라고 쓰여 있는 리포트도 많지만, 실제로 가지 않는 경우가 훨씬 많다. 그래서 목표가보다도 논리와 변화의 근거를 중심으로 골라서 읽어야 한다.

애널리스트가 주장하는 논리를 살펴라

개인 투자자 입장에서는 실적 추정치를 어디까지 믿어야 하는지 의문이 들 수밖에 없다. 증권사 애널리스트들은 나름의 모델과 체계를 가지고 분석하지만, 개인 투자자는 결국 증권사에서 제시하는 자료나 시장에 돌아다니는 컨센서스를 볼 수밖에 없는 위치에 있다. 그래서 이 숫자를 어디까지 신뢰해야 하는지에 대한 고민이 생긴다.

나는 컨센서스를 전적으로 믿지는 않는다. 이렇게 말하면 모순처럼 들릴 수도 있다. 늘 실적 추정치와 숫자를 이야기하면서 정작 그것을 믿지 않는다고 하니 말이다. 하지만 내가 말하고 싶은 요지는 숫자에 얽매일 필요는 없다는 것이다. 숫자가 맞느냐 틀리느냐는 본질이 아니다. 중요한 것은 논리다.

애널리스트 리포트를 읽을 때는 '무엇을 주장하는가'와 '그 주장이 어떤 논리에 기대고 있는가'를 분리해서 봐야 한다. 목표가는 결국 주가이고, 주가는 이익(EPS)과 밸류에이션의 조합이다. PER, PBR, EV/EBITDA, DCF, SOTP 등 어떤 방식을 쓰든 핵심은 같다. 이익이 늘어나는지, 혹은 밸류에이션을 더 높게 적용하는지, 그리고 그 변화가 설득력 있는지다.

과거 실적이 어땠고, 현재 PER·PBR이 얼마이며, 글로벌 피어의 PER·PBR이 얼마인지 같은 내용은 팩트다. 이 팩트 위에서 "그래서 이 회사도 이 정도 주가는 되어야 한다"로 이어지는 것이 리포트의 기본 구조다. 산업 성장성이 높고 해당 산업에서 톱 티어라면 멀티플(multiple)을 더 줄 수 있다는 논리는 충분히 이해할 수 있다.

문제는 평가 기준이 자주 바뀌는 경우다. 처음에는 PER로 설명하던 기업이 주가가 계속 오르자 PER로는 설명이 안 된다며 EV/EBITDA를 끌고 오고, 그것도 부담스러워지면 SOTP로 사업부를 쪼개 각각 높은 멀티플을 붙인다. 플랫폼 가치, 광고 가치, 음악 서비스 가치, 금융 자회사 가치 등을 따로 산정해 합산하면 목표 주가가 크게 올라가게 된다.

이처럼 비교 대상과 산식이 계속 바뀌는지를 유심히 봐야 한다. 특히 이익이 나지 않는 회사에 PSR을 적용해 목표가를 끌어올리는 방식은 더 주의해서 본다. 멀티플은 언제든지 깎일 수 있기 때문이다. 그래서 중요한 것은 목표 주가의 숫자 자체가 아니라 '왜 이 방식으로 바꿨는가?'다.

내가 가장 좋게 보는 리포트는 멀티플 상향이 아니라 EPS 상향이 나오는 리포트다. 기업이 실제로 돈을 더 벌어서 업사이드가 생기는 구조가 가장 건강하다고 느낀다. 반면 PBR은 주로 하방을 막는 논리로 쓰이는 경우가 많다. 자산 가치는 단기간에 크게 변하지 않기 때문이다.

EPS는 거의 그대로인데 멀티플만 두 배로 늘려 목표 주가를 튀게 만드는 리포트는 경계해야 한다. 반대로 EPS가 20~30% 이상 증가하고, 여기에 산업 성장성까지 좋아 멀티플 할증이 붙는 구조는 납득이 된다.

다만 EPS 상향도 추정치일 뿐이므로 그대로 믿어서는 안 된다. 정말 이익이 그렇게 늘어날 수 있는지 판단해야 하고, 반드시 다른 증권사 리포트와 비교해봐야 한다. 특정 증권사만 과도하게 이익 추정을 높여놓는 경우도 있기 때문이다. 비슷한 시기에 나온 여러 리포트를 함께 놓고 보고, 평균적이거나 보수적인 추정치를 중심으로 보는 편이 안전하다.

PER을 50배, 60배 수준까지 주장하는 리포트는 많지 않고, 그 단계가 나오면 끝물이라는 느낌을 받을 때가 많다. 이럴 때 애널리스트는 평가 방식을 바꾸기도 한다. 기존 PER로는 목표가를 올리기 부담스러우니 EV/EBITDA나 DCF로 전환하는 식이다. 예전에 PER로 평가하던 기업이 갑자기 다른 잣대로 바뀐다면, 그 변화 자체를 의심해볼 필요가 있다. 논리가 일관되는지, 왜 기준을 바꿨는지, 그 바뀐 기준이 정말 더 적절한지까지 확인해야 한다.

이런 리포트는 걸러라

자극적인 제목을 쓰는 리포트는 피하는 편이 낫다고 본다. 예를 들면 '무조건 사야 한다'는 뉘앙스로 강하게 밀어붙이는 리포트다. 이런 리포트는 왜 이렇게까지 강하게 쓰는지 그 이유를 먼저 따져봐야 한다. 실제로 이런 종목들은 당일 시초가부터 갭으로 크게 튀어 오르는 경우가 많다. 분위기에 휩쓸려 덜컥 샀다가 물리는 경우도 상당히 많이 봤다. 그래서 더 조심해야 한다고 느낀다.

의견이 자주 바뀌는 애널리스트도 경계 대상이다. 이익 추정치가 매달 바뀌고, 심지어 리포트가 나올 때마다 달라지는 경우도 있다.

이번 달에는 이 종목이 좋다고 했다가, 한 달 뒤에는 또 다른 종목이 톱 픽(top pick)이라고 말한다. 동일 섹터 안에서 계속 종목을 바꿔가며 추천하는 방식은 신뢰하기 어렵다.

특히 이익 추정치가 급격하게 변하는 리포트는 상당히 조심해야 한다. 같은 종목인데도 목표 주가가 한 달 간격으로 크게 달라지는 경우가 있다면 한 번 더 의심해볼 필요가 있다. 이런 경우는 대부분 이익 추정치 자체가 안정적이지 않다는 뜻이기 때문이다.

또 하나 주의 깊게 봐야 할 리포트는, 다른 증권사에 비해 이익 추정치가 지나치게 과다한 리포트다. 예를 들어 대부분의 증권사가 한 기업의 이익을 1천억 원 정도로 보고 있는데, 특정 증권사만 1천 5백억 원이나 2천억 원으로 잡아놓은 경우다.

이런 리포트는 왜 이렇게까지 좋게 썼는지를 먼저 봐야 한다. 그 산업의 흐름을 먼저 파악한 인사이트 있는 퍼스트 무버(first mover)일 가능성도 있기 때문이다. 그 애널리스트만의 정보나 관점이 있어서 강하게 썼을 수도 있다.

그렇다고 해서 그런 기업을 무조건 좋다고 할 수는 없다. 일단 주목은 하되, 조심해야 한다. 강하게 쓴 이유가 충분히 설득력 있는지, 다른 리포트들과 비교했을 때 논리가 일관되는지까지 확인한 뒤에 판단하는 것이 필요하다.

정보를 실력으로
바꾸는 법

읽은 것은 스스로 정리하라

산업 공부에서 가장 어려운 부분은 사실 자료를 모으는 과정이다. 스캐닝과 정리를 하는 데 시간이 많이 들고, 그 과정에서 포기하는 경우가 많다. 특히 본인에게 맞지 않거나 흥미를 느끼지 못하는 산업을 붙잡고 있으면, 어디서부터 봐야 할지도 모르겠고 자연스럽게 손을 놓게 된다.

반대로 본인이 어느 정도 익숙한 산업은 틀을 만드는 속도 자체가 다르다. 좋아하는 영역이 생기면 자연스럽게 공부가 이어지고, 이해도 훨씬 쉬워진다. 이해가 쉬워지면 무엇을 더 찾아봐야 할지,

어떤 키워드를 검색해야 할지, 어떤 자료를 모아야 할지가 보이기 시작한다. 그렇게 자료를 모으고 정리하는 과정에서 하나의 산업 공부 틀이 만들어진다.

예를 들어 다음과 같이 목차를 만든다.

- 산업의 개요

- 산업의 성장성

- 이 산업이 유망한 이유

- 산업의 밸류체인

......

2차전지 산업이라면 생산 과정이 어떻게 되어 있는지, 공정별로 어떤 기업들이 있는지, 그 기업들이 어떤 역할을 맡고 있는지, 매출 비중은 어떻게 되는지, 어느 회사에 납품하고 있는지 등을 정리한다. 잘 아는 산업일수록 이런 목차를 잡는 과정이 훨씬 수월하다.

2차전지든 반도체든, 무형 서비스업이 아닌 이상 산업에는 생산 공정이 있다. 삼성, LG, SK 같은 대기업들이 공장을 세우고 인력을 채용하면, 필수 장비와 소재는 협력업체에서 공급받는다. 반도체, 2차전지, 조선, 자동차, 철강 모두 마찬가지다. 그래서 밴더를 알기 위해서는 생산 공정을 알아야 한다.

예를 들어 반도체에는 흔히 8대 공정이 있다고 한다. 그럼 이 공정을 1단계부터 8단계까지 큰 틀로 정리해 목차로 만든다. 그다음 1단계에는 산화 공정의 의미를 적는다. '웨이퍼를 가져와 웨이퍼 표면을 SiO_2로 만드는 과정'이라는 식으로 정의를 써놓는다. 이때 텍스트만 적는 것보다 그림을 붙이는 것이 훨씬 좋다. 텍스트로만 보면 산화 공정이 뭐고, SiO_2가 뭔지 금방 잊어버린다.

2차전지도 마찬가지다. 코터 공정, 롤 프레스 같은 용어는 글자로만 보면 계속 헷갈린다. 하지만 네이버나 유튜브에서 그림이나 영상을 찾아 붙여놓으면 다르다. 구조를 보고, 공정을 보고, 왜 그렇게 될 수밖에 없는지를 논리적으로 이해하는 순간부터는 굳이 외우지 않아도 머릿속에 남는다.

공부를 하더라도 중구난방으로 하는 경우가 많다. 예를 들어 오늘은 반도체를 보다가 내일은 2차전지를 보면, 전에 본 반도체 내용은 잊어버리게 된다. 그래서 어떤 사람들은 아예 폴더를 만들어 산업별로 나누거나, 블로그에 카테고리를 만들어 자료를 모아둔다. 그 자체도 의미는 있지만, 진짜 산업 공부를 제대로 하려면 자기만의 투자 노트를 만드는 것이 중요하다.

나의 경우, 2차전지 자료는 약 80장, 반도체도 비슷하게 80장 이상을 만들었다. 거의 100장에 가까웠다. 그것을 만드는 데 한두 달, 경우에 따라서는 그 이상이 걸렸다. 계속 업데이트하고 다시 고치고 정리했기 때문이다.

한 번 산업 분석의 틀을 만들어놓으면, 이후 다른 산업을 공부할 때도 그 틀을 그대로 가져와 적용할 수 있다. 이미 만들어놓은 양식에 다른 산업의 내용을 넣기만 하면 되기 때문에 시간도 훨씬 절약된다.

본인이 잘 아는 산업 하나를 제대로 만들어놓자. 이것이 이후 다른 산업으로 확장해 나가는 가장 현실적인 출발점이 될 것이다.

반복 학습으로 이해도를 높여라

우리나라 산업을 큰 틀에서 나열해보고, 그중에서 흥미가 가는 섹터를 골라 목차를 만들자. 그런 다음 그 안에서 관심 기업을 추려내자.

반도체는 반드시 공부해야 하는 산업이다. 우리나라의 핵심 산업이기 때문이다. 2차전지도 공부해야 한다. 소재부터 장비까지 기술 변화가 빠르고, 흐름이 계속 바뀌기 때문에 더더욱 정리가 필요하다. 엔터, 조선, 자동차 역시 우리나라가 글로벌 경쟁력을 가진 산업이기 때문에 우선순위를 두고 살펴볼 필요가 있다. 특히 우리나라 산업은 완제품보다 글로벌 기업에 공급되는 부품 산업의 비중이 크기 때문에 구조를 이해하는 공부가 중요하다.

B2C 산업은 상대적으로 이해가 쉽다. 직접 보고 쓰고 경험할 수 있기 때문이다. 반면 B2B 산업은 눈에 보이지 않아 어렵다. 그래서 더욱 구조 중심의 정리가 필요하다. 방법은 꼭 PPT일 필요는 없다.

워드든 노트든, 본인이 가장 편한 방식이면 된다. 중요한 것은 자기만의 투자 노트를 만들어 한 번이라도 제대로 정리해두는 것이다.

가끔 파워포인트를 한 번도 안 해봤고, 나이가 있어서 컴퓨터도 잘 못 다루는데 어떻게 하느냐고 묻는 경우가 있다. 그런데 그 정도의 기본적인 작업조차 어렵다면 주식 투자 자체도 쉽지 않다. 대단한 기술이 필요한 것이 아니라, 기본적인 기능만 익혀두고 시간을 들이는 문제다. 처음에는 시간이 오래 걸릴 수밖에 없다. 초등학생 수준의 파워포인트 실력만 있어도 자기만의 산업 공부 리포트나 노트를 만드는 데는 아무 문제가 없다.

자료를 다 정리했다면, 그걸 무조건 많이 보는 것보다 이해를 해야 한다. 이해를 바탕으로 공부하면, 이후에 다른 산업이나 새로운 영역으로 확장할 때, 외워서 한 공부보다 훨씬 빠르게 학습할 수 있다.

이를 위해서는 반드시 적어보는 과정이 필요하다. 자료를 그대로 읽고 넘기는 것이 아니라, 본인이 본 내용을 자기의 언어로 다시 워드로 쳐보거나 손으로 써보거나, 노트에 정리하는 과정을 거쳐야 한다. 그래야 한 번 더 뇌에 입력이 된다.

반도체나 2차전지는 한 번에 끝낼 수 있는 공부가 아니다. 이해하는 데만 해도 한두 달은 걸린다. 반도체의 경우 나 역시 여러 번 도전했다. 처음 공부할 때는 공정을 설명해주는 사람도 없고, 자료도 흩어져 있어 답답함이 컸다. EBS 자료에서 8대 공정에 관해 읽어보기도 했지만, 텍스트 위주의 설명은 어렵고 금방 잊혔다. 단어를 하나하나 찾아보는 데도 시간이 오래 걸렸고, 전체 구조가 머릿속에 정리되지 않았다.

그래서 주변에 아는 사람에게 설명을 듣고, 다시 리포트를 읽고, 또 다른 자료를 찾아보는 과정을 반복했다. 네이버 검색도 하고 유튜브도 찾아봤다. 그렇게 여러 자료를 모아 공정 중심으로 뼈대를 만들고, 목차를 세운 뒤 조금씩 내용을 붙여 나갔다.

같은 내용을 두 번, 세 번, 네 번 반복해서 보다 보니 이해도가 서서히 넓어졌다. 그 시점부터는 반도체 관련 리포트를 집중적으로 읽었고, 모르는 용어는 다시 찾아보는 식으로 반복과 숙달을 거쳤다. 그렇게 몇 달이 지나자 비로소 산업의 구조가 보이기 시작했다.

한번 틀이 만들어지면 그 이후부터는 리포트, 신문, 스터디에서 나오는 이야기들이 훨씬 편하게 들어온다. 처음이 어렵지, 한번 익히면 쉽게 잊히지 않는다. 산업 공부 역시 마찬가지다. 한 산업을 각 잡고 끝까지 정리해두면, 이후에는 새로운 정보가 나올 때마다 살을 붙이는 정도로 충분해진다.

그때그때 유행하는 산업을 조금씩 건드리다 보면 결국 아무것도 남지 않는다. 산업 공부는 각을 잡고 하나를 정해 일정 기간 안에 끝내겠다는 목표를 세워야 한다. 반도체면 반도체, 2차전지면 2차전지 하나를 정해, 두 달이라도 집중해서 끝내는 것이 중요하다.

당장 수익이 나지 않더라도, 산업 공부를 제대로 해두면 이후 실전에서 훨씬 수월해진다. 산업의 턴은 언제 올지 모른다. 산업을 이해해둔 사람은 턴이 왔을 때 훨씬 빠르게 움직일 수 있다. 결국 투자에서 가장 강력한 무기는 미리 만들어둔 이해의 틀이다.

개인 투자자가 정보 격차를 줄이는 법

개인 투자자는 기관 투자자나 외국인 투자자와 환경 자체가 다르다. 기관은 본업이 투자 운용이고, 조직적으로 움직인다. 인하우스 리서치 인력이 있는 경우도 있고, 증권사 애널리스트 세미나를 듣거나 기업 탐방을 다니고, 소수 인원을 대상으로 하는 NDR 같은 자리에도 접근할 수 있다.

개인 투자자는 그런 환경을 가질 수 없다. 나 역시 마찬가지다. 이런 정보 접근의 핸디캡은 분명 존재한다. 그렇다고 해서 방법이 없는 것은 아니다. 결국 개인 투자자는 주어진 조건 안에서 상식적인 방식으로 투자할 수밖에 없다. 그 과정에서 뉴스와 리포트를 꾸준히 보고, 스터디를 통해 부족한 부분을 보완해 나가는 것이 현실적인 선택이다.

앞서 말했듯 매일 뉴스를 보는 건 기초를 쌓는 과정이다. 나 역시 2014년부터 지금까지 10년이 넘도록 매일 뉴스를 본다. 요즘 시장에 어떤 흐름이 있는지, 어떤 이슈가 오가는지, 기본적인 지식과 팩트를 쌓기 위한 작업이다. 그리고 기업 리포트와 산업 리포트를 꾸준히 본다.

여기에 유튜브를 더한다. 중요한 점은 유튜브에서 종목을 추천하는 콘텐츠를 소비하는 것이 아니라, 증권사 리서치센터에서 나오는 정제된 자료를 보는 것이다. 하나금융투자나 KB 같은 곳에서 나오는 리포트와 세미나 자료에는 종목 추천도 있지만, 그보다 중요한 것은 그 안에 담긴 아이디어, 데이터, 논리, 애널리스트의 시각이다. 나는 그 내용을 그대로 받아들이는 것이 아니라, 논리적으로 흡수하려고 한다.

유튜브를 보더라도 매번 '시장이 어떻다, 거시경제가 어떻다'를 반복하는 콘텐츠보다는 산업과 종목을 중심으로 이야기하는 애널리스트들의 설명을 보는 게 더 낫다. 거시도 물론 중요하지만, 개인 투자자의 한정된 시간 안에서는 시장 전체보다는 산업과 종목에 더 포커스를 맞추는 것이 현실적이다.

대부분의 개인 투자자는 하루 종일 시장을 볼 수 없다. 직장인, 사업가, 전문직 등의 투자자라면 시간을 압축적으로 써야 한다. 그래서 그 압축된 시간을 어디에 쓰느냐가 중요하다. 시황 위주의 콘텐츠를 반복해서 보기보다는, 증권사 애널리스트들이 실제로 어떤 논리로 산업과 기업을 바라보는지를 설명하는 콘텐츠를 찾는 것이 더 효율적이다.

요즘은 애널리스트들이 증권사 채널뿐만 아니라 일반 채널에도 자주 등장한다. 그런 콘텐츠를 의식적으로 찾아서 보는 것이 투자

마인드를 쌓는 데 도움이 된다.

기업 IR 영상도 중요하다. 기업이 직접 자기 회사를 설명하는 IR 영상이나 IPO 과정에서 나오는 IR TV 같은 콘텐츠를 집중해서 본다. 이것만 제대로 봐도 시간이 부족하다. 여기에 더해 특정 산업을 기술적으로 설명해주는 채널을 활용한다. 2차전지나 로봇 섹터를 공부할 때는 유튜버 '엔지니어TV' 채널을 보고, 반도체도 마찬가지로 기술을 설명해주는 채널들을 참고한다.

산업 리포트는 네이버 증권에서도 찾을 수 있다. 증권사 리포트 메뉴에서 산업 탭을 활용하면 된다. 다만 협업된 리포트만 올라오고 찾기가 쉽지는 않다. 그래서 나는 유료 서비스를 사용한다. 와이즈 리포트를 활용하는데, 산업 탭이 따로 분류돼 있어 섹터별로 정리돼 있다. 제목이나 증권사, 애널리스트 이름으로 검색해 다운받을 수 있다. 월 10만 원 정도 비용이 들지만 효율적이다.

리포트를 다운받은 뒤에는 컴퓨터에 산업별로 폴더를 만들어 저장한다. 파일명에 날짜를 적어 관리하면 나중에 자산이 된다. 모든 산업 리포트가 좋은 것은 아니다. 대부분은 최근 업황이나 이슈 위주의 리포트다. 그중에서 읽다 보면 '이건 정말 공부할 만하다' 싶은 리포트가 있다. 그런 리포트는 따로 빼서 관리한다. 나는 '필독 리포트'라는 폴더를 만들어 따로 모아둔다.

유료 서비스 외에도 네이버나 구글 검색을 활용할 수 있다. 원하는 섹터 키워드를 검색하면 블로그에 업로드된 리포트를 찾을 수도 있다. 유튜브 역시 마찬가지다. 특정 산업 키워드로 검색하면 관련 강의나 자료들이 나온다.

산업 리포트를 읽을 때 가장 큰 장벽은 용어다. 특히 투자 초반에는 용어 자체가 어렵다. 이게 무슨 말인지 하나도 모르겠다는 느낌이 드는 게 정상이다. 그럴 때는 하나씩 깨야 한다. 모르는 용어는 챗GPT에 물어봐도 되고, 검색해도 된다. 공부 방법이 없어서 못 하는 시대는 아니다. 자료는 넘쳐난다. 중요한 건, 어디서 어떻게 찾고 그것을 내 방식으로 얼마나 꾸준히 쌓아가느냐다.

또 하나의 차이라면 경험이다. 실제 투자 경험의 양과 시간은 분명 차이를 만든다. 실패와 성공을 반복하면서 쌓인 경험은 종목 발굴 과정에도 영향을 미친다. 어떤 방식이 위험한지, 어떤 접근이 허술한지에 대한 감각은 경험에서 나온다.

초반에는 감을 잡기가 어렵다. 무엇을 하고는 있는데 이 방향이 맞는지, 내가 보고 있는 것이 제대로 된 것인지 스스로 검증이 되지 않는다. 나 역시 공부를 시작한 지 1년 정도 되었을 때 비슷한 혼란을 겪었다.

이 시기의 특징은 깊이 있게 보는 것이 어렵다는 점이다. 아직 아는 것이 너무 적기 때문이다. 그래서 이 시기에는 한 종목을 깊게 파기보다는 종목 풀을 넓히는 것이 더 중요하다. 1년 차 투자자는 대부분 다 모른다. 그렇기 때문에 다양한 종목과 산업을 접하는 과정이 필요하다.

AI를 활용한 공부 방법

요즘 리서치를 할 때 퍼플렉시티나 챗GPT 같은 AI 툴을 많이 사용한다. 나 역시 AI를 아주 능숙하게 쓰는 편은 아니지만, 나름대로 활용하는 방식이 있다. 크게 2가지다.

1. 일정한 시간에 리포트 받기

나는 챗GPT를 유료로 사용하는데, 하단에 있는 일정 예약 기능을 활용할 수 있다. 메모리를 입력해두면 특정 시간에 원하는 정보를 보내준다. 예를 들어 '현대일렉트릭 관련 기사를 매일 아침 7시에 10개씩 보내달라'거나, '당일 나온 리포트나 뉴스를 보내달라'고 설정할 수 있다. 그러면 실제로 알림 형태로 받아볼 수 있다.

2. 유튜브 요약 기능 활용하기

두 번째는 요약 기능이다. 유튜브 영상 하나를 보려면 시간이 오래 걸린다. 유튜브 우측 하단에 있는 'YouTube Summary'를 클릭하면 'Transcript' 형태로 영상 스크립트가 분 단위로 나온다. 그 내용을 그대로 드래그해서 복사한 뒤 챗GPT나 제미나이 등의 프롬프트에 붙여 넣는다. 그리고 "요약해줘"라고만 입력해도 요약을 해준다. 유튜브 링크만 붙이고 내용을 요약해달라고 해도 되지만 이 경우에는 더 간략하게 정리해준다.

이때 중요한 것은 커스터마이징이다. 나는 먼저 내 소개를 간단히 입력한다. 여의도에서 한국 주식만 투자하는 개인 투자자라는 점, 시드 규모, 선호하는 투자 스타일 등을 알려준다. 그러면 AI가 이를 인지하고 이후부터는 투자자 관점에서 답변을 해주기도 한다. 또는 명확하게 "앞으로는 투자자 관점에서 요약해줘"라고 명령한다. 그러면 요약 말미에 투자자로서 무엇을 봐야 하는지도 정리해준다.

요약 방식도 지정할 수 있다. 예를 들어 유튜브 영상을 요약할 때 무조건 10개 단락으로 나눠서 요약해달라고 지시한다. 이렇게 한번 설정해두면 이후에는 같은 방식으로 요약을 해준다. 그냥 시키면 요약이 지나치게 짧거나 제각각일 수 있기 때문에 구조를 정해주는 것이 중요하다.

어려운 리포트를 만났을 때는 리포트 내용을 그대로 붙여 넣고 "알기 쉽게 중학생 수준으로 요약해줘"라고 요청하면 된다. 기술적인 이해가 필요한 산업 공부를 할 때도 이 방식을 활용하면 훨씬 수월해진다. 복잡한 내용을 그대로 외우는 대신, 이해할 수 있는 언어로 바꿔주는 도구로 AI를 사용하는 것이다. 자료를 주고 학습시킬 수도 있고, 그래프 해석을 시킬 수도 있다. 특히 해외 자료는 원문도 그렇고 그래프 해석이 어려운데, 이런 부분에서도 도움을 받을 수 있다. 명확하지 않은 부분이 있더라도 요약이나 분석 자체는 상당히 잘해준다. 계속 사용하다 보면 나만의 활용 방식이 생기고, 어떤 부분은 잘하고 어떤 부분은 한계가 있는지도 알게 된다. 그러면 자연스럽게 오차 범위도 줄어든다.

　미국 기업에 투자할 때 AI를 쓰는 것은 특히 유용하다. 특히 미국 자료들은 내용을 붙여 넣고 한글로 번역해달라고 하면 그대로 번역해준다. 한글로 요약해달라고 해도 요약을 해준다. 미국 반도체 ETF를 시가총액순으로 몇 개 정리해달라고 하거나, 해당 ETF에 편입된 종목과 편입 비중까지 알려달라고 해도 결과가 나온다. 산업이나 기업의 큰 틀을 이해하는 데는 충분한 수준이다. 해당 기업이 무엇을 하는지, 매출 구조는 어떻게 되어 있는지 파악하는 데 매우 유용하다.

　예를 들어 LNG 산업을 공부할 때도 국내 기업만 보는 것이 아니라 해외 기업까지 함께 봐야 한다. LNG 산업에 대한 기본 이해를 먼저 하게 되면, 국내 기업뿐만 아니라 미국에는 어떤 기업들이 있는지 자연스럽게 궁금해진다. 그러면 미국 LNG 산업을 기준으로 톱다운 방식으로 질문을 던진다. 톱다운 방식으로 어떤 기업들이 있는지 묻고, 상장된 나스닥 기업들을 정리해달라고 하면 목록이 나온다.

　그다음에는 개별 기업에 대해 더 세부적으로 묻는다. 수치로 정리해달라거나, 그림으로 설명해달라고 요청한다. 이런 과정을 반복하다 보면 질문 자체의 수준도 점점 높아진다.

절박함으로
공부하라

시간 없는 직장인을 위한 공부법

직장인은 투자 공부를 어떻게 해야 하는지, 어떤 마음가짐으로 접근해야 하는지를 묻는 사람이 많다. 결론부터 말하자면 정해진 루틴은 없다. 사람마다 삶의 조건이 다르기 때문이다. 출근 시간이 다르고, 퇴근 시간이 다르고, 야근 여부도 다르다. 출퇴근에 한 시간이 걸리는 사람도 있고, 10분이면 되는 사람도 있다. 자동차로 이동하는 사람도 있고, 지하철을 타는 사람도 있다. 각자의 상황이 모두 다르다.

그래서 중요한 것은 하나다. 남의 루틴을 따라 하는 것이 아니라, 자기만의 루틴을 만드는 것이다.

직장인 투자자는 솔직히 힘들다. 공부할 시간이 절대적으로 부족하다. 아침에는 그나마 낫지만, 출근하자마자 퇴근하고 싶어지는 날도 많다. 장이 오르면 그래도 힘이 나지만, 장이 끝났는데 계좌까지 깨져 있으면 터덜터덜 퇴근하고 싶어진다. 그 감정은 충분히 이해한다.

그럼에도 현실적으로 시간을 낼 수 있는 구간은 한정돼 있다. 출퇴근 시간과 점심시간이다. 그 시간을 최대한 활용할 수밖에 없다. 그때를 헛되이 보내지 않았으면 좋겠다. 공부는 남는 시간에 하는 것이 아니라, 시간을 쪼개서 만들어야 한다. 물론 쉽지 않다. 나 역시 버스로 출퇴근할 때는 멀미 때문에 제대로 공부를 하지 못했다. 그렇지만 어떻게든 시간을 만들어야 한다.

음악을 듣는 것도 좋고, 잠을 자는 것도 이해한다. 하지만 가장 머리가 맑은 아침 시간에 연예 기사나 스포츠 뉴스, 별 의미 없는 유튜브 영상을 소비하는 것은 아쉽다. 정말로 부자가 되고 싶고, 투자로 성과를 내고 싶다면 투자 공부를 해야 한다. 돈을 벌고 싶다고 말하면서, 그 정도의 시간도 투자하지 않는 것은 자기 자신조차 설득하기 어렵다.

만약 운전해서 출퇴근하거나 다른 이유로 공부할 수 없는 상황이라면, 방법은 하나다. 출근을 더 일찍 하는 것이다. 회사에서 집이 가깝다면 더 유리하다. 예를 들어 출근 시간이 10분이면, 그만큼 여유 시간이 많다. 그렇다면 회사에 1시간 반, 2시간 일찍 도착하는 선택도 가능하다. 보통 8시 반이나 9시에 출근한다면, 7시에 회사 근처에 도착하는 것이다. 회사 앞 카페에서, 혹은 사무실에서 조용히 개인 시간을 가질 수 있다. 신문을 읽든, 리포트를 읽든, 분석을 하든, 그 시간은 온전히 나만을 위한 시간이다. 그런 시간을 쌓아가는 사람이 결국 차이를 만든다.

나의 경우 직장생활을 할 때 8시 반 출근이었는데, 보통 6시 50분쯤 도착했다. 출근 도장을 먼저 찍고, 회사 앞에 있는 카페에 가서 커피를 한잔 마시며 공부하곤 했다. 그렇게 하루를 시작하면 좋은 점이 분명히 있다. 우선 하루를 일찍 시작할 수 있다. 눈 떠 있는 시간이 늘어날수록 인생이 바뀔 수 있다고 생각한다.

일찍 출근하면 지하철이나 버스에서 사람들과 부대끼고 치이는 일도 줄어든다. 직접 운전해서 출근한다면 길도 덜 막힌다. 자연스럽게 주유비도 절약된다. 그러므로 아침에 1시간에서 1시간 반 정도는 공부 시간을 확보해보라고 말하고 싶다.

그다음은 점심시간이다. 약속이 있다고 하고 혼자 나가서 밥을 먹으면 된다. 혼자 밥 먹는 걸 두려워하는 사람이 있는데, 왕따가 되라는 게 아니라 고독한 투자자가 되라는 것이다. 물론 사회생활도 필요하지만 일주일에 두세 번 정도는 약속이 있다고 하고 혼자 빠져 나가는 것도 방법이다. 혼자 햄버거나 샌드위치를 먹으면서 공부하면 된다. 동료들과 식사를 하더라도, 밥을 먹고 남는 시간에는 공부를 하자.

퇴근 시간도 있다. 퇴근하면서 잠깐이라도 공부할 수 있다. 집에 가면 무엇을 하는가. 소파에 누워 TV를 보거나 게임을 하거나 유튜브를 보다가 잠들지 않는가. 그 시간 중 일부만이라도 공부하는 시간으로 바꾸자.

아직 젊다면 절박함을 당겨와라

젊을수록 시간 관리를 더 잘해야 한다고 생각한다. 나중에 결혼을 하면 상황이 완전히 달라진다. 공부하고 싶어도 힘들다. 아침 출근도 훨씬 힘들어진다. 회사에서는 중간 관리자가 되어 윗사람 눈치를 봐야 하고, 퇴근하면 아이들이 놀아달라고 보챈다. 공부할 시간이 없는 게 사실이다. 나는 아이를 재우고 나서 공부하긴 했지만, 쉽지 않았다.

아직 결혼하지 않은 젊은 투자자들은 공부할 시간이 상대적으로 많다. 이 시간을 적극적으로 활용해야 한다. 하루에 한 시간이라도 더 앞당겨서 공부하는 사람이 돈을 벌 기회를 훨씬 빨리 잡게 된다. 그런데 왜 대부분의 사람들은 이걸 하지 않는가? 절박함이 부족하기 때문이다.

직장에 다니다 보면 월급이 타박타박 나오고, 당장 회사에서 잘릴 것 같은 위기감도 크지 않다. 특히 20대, 30대라면 더 그렇다. 아직은

"내가 회사에서 나갈 일이 뭐가 있겠어"라는 마음으로 살게 된다.

그러다 40대 후반이나 50대에 접어들면 달라진다. 더 올라갈 자리가 점점 줄어든다. 회사에서는 눈치를 준다. 그렇다고 막상 나가면 무엇을 해야 할지 모른다. 어떻게든 회사에 더 붙어 있으려고 애쓰게 된다. 상상해보면 아찔하지 않은가. 명함에서 회사 이름을 지우면 내 이름만 남는다. 그 이름 옆에 무엇을 새길 수 있을지, 그걸 진지하게 고민해봐야 한다.

그래서 아직 여유가 있는 20대, 30대라면 일부러라도 그 절박함을 당겨와야 한다고 생각한다. 내일 당장 잘릴 수도 있다는 각오로 스스로를 몰아붙여야 한다. 게다가 체력이 가장 좋고, 공부할 여력이 가장 많은 시기가 20대, 30대다. 그 시기를 흘려보내면 나중에는 하고 싶어도 못 한다. 나이가 들면 몸이 따라주지 않는다. 가만히 있어도 피곤해진다. 숨 쉬는 것조차 버겁게 느껴질 때가 온다. 그래서 그 시기에 절박함을 가지고 준비해야 한다.

그 준비가 주식 투자든, 다른 투자든 상관없다. 언젠가는 누구나 무언가를 하게 된다. 집을 사든, 사업을 하든, 가게를 열든, 회사를 차리든 공통적으로 필요한 것이 있다. 그게 바로 돈이다. 새로운 일을 시작하려면 반드시 목돈이 필요하다. 그 돈은 월급만 모아서 만들 수도 있겠지만, 그 속도를 높여주는 역할을 하는 것이 투자다.

지금 이 글을 읽는 독자들 중에도 절박한 상황에 놓인 사람들이 있을 것이다. 명퇴를 앞두고 있거나, 회사가 어렵거나, 자영업이 흔들리고 있는 사람들도 있을 것이다. 그 절박함 속에서 길을 찾으려면 결국 필요한 것은 시드머니다. 시드를 만들기 위해서는 투자라는 수단을 병행할 수밖에 없다.

여기서 주의할 점이 있다. 절박하다고 해서 아무 투자나 해서는 안 된다는 점이다. 절박함만으로 리딩을 받거나, 단타를 치거나, '카더라'에 기대서는 안 된다. 그건 그저 절박함이지, 준비가 아니다. 시간이 걸리더라도 기업을 보는 눈을 만들고, 투자 감각을 제대로 쌓아가야 한다. 1년이든 2년이든 시간이 걸릴 수 있다. 하지만 그 과정을 거쳐야만 절박함이 비로소 힘을 갖게 된다.

절박함은 출발선이다. 방향이 틀리면 더 빠르게 망가질 뿐이다. 그래서 절박할수록 더 차분하게, 더 제대로 공부해야 한다.

공부머리와 투자머리는 다르다

투자로 성공하려면 학벌이 좋아야 하는 것 아닐까? 머리가 뛰어나고, 뭔가 특별한 재능이 있는 사람만 가능한 것 아닐까? 이런 생각을 하는 사람들이 있다. 하지만 내 경험으로 볼 때 학벌과 투자 성과의 상관관계는 매우 낮다. 전혀 없다고까지 말할 수는 없지만, 결정적인 요소라고 보기도 어렵다. 만약 학벌이 곧 투자 실력이라면, 명문대를 졸업한 사람들은 다 수백억 자산가가 되어 있어야 하지 않을까? 하지만 현실은 그렇지 않다.

주식 투자는 이론이 30%, 실전이 70%라고 했다. 학벌이 좋다는 것은 공부머리가 좋고, 이해력이나 암기력이 뛰어나다는 의미일 수 있다. 이런 능력은 리포트를 읽거나 이론을 익히는 데 분명 도움이 된다. 그러나 그것이 투자 성과의 대부분을 좌우하지는 않는다. 투자에서 중요한 것은 암기보다 논리와 추론이다.

투자는 결국 이런 질문에서 시작한다.

"이 회사가 앞으로 돈을 잘 벌 수 있을까? 그렇다면 그 근거는 무엇일까?"

숫자를 보고, 성장률을 보고, 그 성장이 지속될 수 있는 구조인지 생각해보는 게 투자다. 예를 들어 특정 기업의 매출 대부분이 한 고객사에 의존하고 있다면, 그 고객사의 사업이 잘될 때 이 회사의 매출도 함께 늘어날 가능성이 높다는 것은 합리적인 추론이다. 이런 사고 과정은 암기와는 전혀 다르다. 이해와 논리의 영역이다.

산업이 성장하는지, 제품이 잘 팔릴 수 있는지 판단하는 것도 마찬가지다. 이는 신문과 리포트를 꾸준히 읽으며 종합적으로 사고해야 가능한 일이지, 외워서 되는 것이 아니다. 투자 공부는 시험을 보는 공부가 아니다. 오늘 읽은 내용을 내일 잊어버려도 상관없다. 필요하면 다시 보면 된다. 내가 기록을 강조하는 이유다. 사람은 결국 잊어버리기 때문에, 정리하고 남겨두는 것이 필요하다.

또한 사람은 나이가 들수록 각자의 경험에 따라 사고방식이 완전히 달라진다. 어떤 산업에서 일해왔는지, 어떤 경험을 쌓아왔는지가 사고의 방향을 만든다. 이 지점에서 공부머리와 투자 머리는 전혀 다른 영역이 된다.

주식 투자에서 진짜 문제는 학벌이 아니라 욕심이다. 아무리 좋은 대학을 나오고, 전문직에 종사해도 투자 사고가 잘못 형성되어 있으면 성과는 처참해진다. 실제로 매우 똑똑한 사람들이 테마주와 차트 이야기만 하며 투자하는 경우를 많이 봤다. 수급, 세력, 기술적 지표에만 매달리는 이유는 주식을 잘못 배웠기 때문이다. 더 정확히 말하면, 쉽게 돈을 벌고 싶은 욕심 때문이다.

물론 주식 투자가 맞지 않는다고 느끼면 포기해도 된다. 누구도 억지로 하라고 강요하지 않는다. 꼭 주식 투자만이 길은 아니다. 다만 최소 2~3년은 제대로 공부해보길 바란다. 그런 다음 길게 보고 가겠다는 생각이 생긴다면, 남아서 한번 끝까지 해보는 것도 의미 있는 선택이 될 것이다.

3장

시장에서 살아남는 실전 투자 전략

WINNING INVESTMENT

감당할 수 있는 투자의 기준

개인 투자자가 감당할 수 있는 종목 수

종목 수와 비중을 어떻게 가져가느냐는 질문을 정말 많이 받는다. 사실 이 질문에는 정답이 없다. 열 종목이 맞다, 다섯 종목이 맞다, 한 종목이 맞다 같은 공식은 존재하지 않는다. 사람마다 성향과 상황이 다르고, 무엇보다 감당 가능한 변동성의 크기가 다르기 때문이다.

나 역시 처음부터 포트폴리오 구성에 대한 철학이 명확했던 것은 아니다. 다만 피터 린치의 책에서 많은 영향을 받았고, 그 내용을 개인 투자자 관점에서 응용하게 됐다. 피터 린치는 한때 약 1,400개에 달하는 종목을 보유했던 사람이다. 미국은 상장 종목 수도 많고,

그의 직업이 펀드매니저였기 때문에 구조적으로 집중 투자가 어려웠다. 수천억, 수조 원 단위의 자금을 운용하는 펀드에서 한 종목에 큰 비중을 싣는 것은 유동성 측면에서도 거의 불가능에 가깝다.

그런데 흥미로운 점은, 피터 린치 본인도 개인 투자자라면 이야기가 다르다고 말한다는 점이다. 개인 투자자에게는 대략 5개에서 7개 정도의 종목이 가장 마음 편할 수 있다고 했다. 이 정도 종목 수가 주는 장점은 명확하다. 주가는 본질적으로 예측 불가능한 영역이기 때문에, 아무리 아이디어가 좋아도 결과는 어긋날 수 있다. 6개를 들고 있을 때 2~3개만 크게 맞아도 나머지 종목의 일부 손실은 전체 수익률로 상쇄가 된다. 반면 1개나 2개에 모든 것을 걸면, 그 판단이 틀리는 순간 계좌 전체가 그대로 무너진다. 6개 중 2개를 맞히는 것과 1개를 반드시 맞혀야 하는 것은 완전히 다른 확률 게임이다.

집중 투자의 대명사처럼 이야기되는 워런 버핏도 한 종목만 보유하는 투자자는 아니다. 상대적으로 소수 종목에 집중하는 경향은 있지만, 여전히 여러 종목을 나눠 들고 있다. 피터 린치도 1,400개를 보유했다고 해서 모두 같은 비중이 아니었다. 실제 비중의 상당 부분은 소수의 핵심 종목에 실었고, 나머지는 1% 내외의 작은 비중으로 관찰하는 구조였다. 종목을 많이 들고 있다는 사실보다 '비중이 어디에 실려 있느냐'가 더 중요한 셈이다.

나 역시 집중 투자와 분산 투자 사이에서 많은 고민을 했다. 결론은 완전히 분산도, 완전히 집중도 아닌 섞인 형태가 나에게 맞다는 것이다. 보통 종목 수가 적을 때는 5개 정도, 많을 때는 12개 정도를 가져가고, 평상시 기준으로는 대략 10개를 유지한다.

너무 많은 종목에 투자하는 것은 좋지 않다고 생각한다. 물론 종목 수를 20개, 30개로 늘리면 마음은 편해진다. 한두 종목이 흔들려도 다른 종목들이 커버해주기 때문이다. 하지만 수익률의 변동폭이 줄어들어 단기간 성과를 내기가 점점 어려워지고, 포트는 시장 평균에 수렴한다. 극단적으로 말해 상장 종목을 다 사면 지수를 들고 가는 것과 같아진다.

또 하나의 현실적인 한계는 모니터링이다. 종목이 30개, 40개가 되면 각 기업 이슈를 따라가는 것 자체가 힘들다. 뉴스 하나를 체크하려 해도 30~40개 기업을 훑어야 한다. 특히 직장인 투자자라면 거의 불가능한 구조다. 그래서 내 생각에도 개인 투자자 기준에서는 다섯 종목에서 열 종목 사이가 가장 현실적이다. 직장인이라면 오히려 5개 정도가 더 실용적일 수 있다.

사실 종목 수를 단순히 '몇 개'로만 세는 것은 큰 의미가 없다. 나는 섹터 단위, 아이디어 단위로 묶어 생각한다. 예를 들어 전기차 섹터에서 양극재, 음극재, 소재를 여러 개 보유하고 있더라도 투자 아이디어 차원에서는 하나로 보는 방식이다. 그래서 겉으로는 열 종목이어도, 실제로 내가 관리하는 '아이디어'의 개수는 그보다 훨씬 적다.

결국 10개 이내의 종목을 보유하는 것은 특별한 이유가 있기보다는, 그 정도가 나에게 가장 마음이 편하기 때문이다. 1~2종목에 지나치게 집중하면 심리적으로 너무 힘들다. 한 종목 때문에 인생이 흔들릴 수 있다는 생각이 들고, 투자 아이디어가 맞았음에도 주가가 빠지면 대응이 어렵다. 시장은 좋은데 내가 가진 종목만 못 갈 때도, 한 종목에 '몰빵'하면 투자보다 '버티기'가 된다. 이런 경험을 반복하다 보니 1~2종목 집중은 나와 맞지 않다고 느꼈고, 여러 종목을 깔아두는 구조가 지속 가능하다는 결론에 이르렀다.

비중의 기술: 집중은 필요하다

내 방식은 단순히 '분산 투자'라고 말하기 어렵다. 열 종목을 동일 비중으로 10%씩 담지 않기 때문이다. 나는 열 종목을 들고 가되 그중에서도 가장 확신이 강한 2~3개에 전체 자금의 60~70%를 싣는 편이다. 경우에 따라서는 70~80%까지 올라가기도 한다. 나머지 4~5개 종목은 합쳐서 20~25% 정도의 비중을 두고, 그 외 소수 종목은 비중은 거의 없지만 계속 관찰하는 용도로 둔다. 종목 수는 분산돼 있지만, 실질적으로는 집중 투자에 가깝다.

이렇게 하는 이유는 두 가지다. 첫째, 변동성에 덜 휘둘리면서도 기회를 놓치지 않기 위해서다. 어느 날 갑자기 크게 치고 올라오는 종목은 늘 예상 밖에서 나온다. 후보군이 있어야 기회를 포착했을 때 바로 비중을 옮길 수 있다. 둘째, 자금 운용이 유연해진다. 성장주 섹터에 비중을 두고 있다가, 다른 유형의 종목이 좋아질 조짐이 보이면 기존 상위 종목에서 일부 비중을 빼서 그쪽으로 옮길 수 있다. 리밸런싱이 자연스럽게 가능해진다.

나는 종목에 내부적인 순위를 매겨 관리한다. 1위부터 10위까지 내 안에서 순위가 있다. 상위 2~3개는 핵심 종목이고, 나머지는 후보군이다. 그런데 상위권이 아닌 6~7위 종목에서 회사에 중요한 변화가 생기면, 그 종목을 단숨에 1~3위로 올린다. 그리고 기존 상위 종목 중 하나는 비중을 줄이거나 순위를 내린다. 이런 식으로 순위에 따라 비중을 조정한다.

순위를 정할 때는 업사이드(상승 여력)를 본다. 혹은 최초 투자 아이디어가 실제로 현실화되고 있는지를 본다. 아직 확신이 부족하지만 더 공부해볼 가치가 있으면 소액으로 들고 간다. 예를 들어 게임주라면 출시 일정이 아직 멀지만, 시간이 다가올수록 가시성이 높아지면 그에 맞춰 비중을 점점 늘린다. 나는 처음부터 비중을 크게 신기보다, 올라갈 때 비중을 늘리는 스타일에 가깝다.

물론 이런 작업을 매일 하지는 않는다. 보통 분기에 한 번 정도 포트를 점검한다. 계속 가져갈 종목은 유지하고, 비워낼 종목은 정리하고, 더 나은 대안이 보이면 새로 편입한다. 경우에 따라서는 포트를 통째로 다시 세팅하기도 한다. 결국 중요한 것은 종목 수가 아니라 회전율을 포함한 운용의 리듬이다.

분산 투자형 포트의 단점은 한 종목이 크게 올라가도 계좌 수익률에 미치는 영향이 제한된다는 점이다. 그래서 나는 포트 회전을 통해 이 단점을 보완한다. A 종목에서 큰 수익이 나면 비중을 줄이고, 또 다른 업사이드가 보이는 종목으로 자금을 옮긴다. 수익이 이어지게 만드는 방식이다.

반대로 가장 어려운 순간은 종목이 오르지 않고 물릴 때다. 이때 많은 투자자가 "그 포트를 그냥 들고 가야 하느냐"를 묻는다. 나는 손실이 나기 시작하면 먼저 스스로에게 묻는다. 이 손실이 판단 오류인지, 타이밍 문제인지, 아니면 투자 아이디어 자체가 틀린 것인지. 확신이 없다면 비중을 더 늘리기보다는 줄인다. 판단이 서지 않을 때는 일부를 먼저 정리한다. 나는 1~2개 종목 때문에 계좌 전체가 흔들리는 상황을 극도로 싫어한다.

손절은 기분이 좋을 수 없다. 그래서 나는 이익 난 종목으로 손실을 상쇄하는 방식도 자주 쓴다. 이익이 난 만큼 손실 종목을 정리해 계좌 전체의 균형을 맞추면 멘탈 관리가 훨씬 수월해진다. 계좌에 썩은 종목들이 쌓여 있으면 심리적으로 버티기 힘들기 때문이다.

여기서 분명히 해야 할 것이 있다. 손절을 잘 치는 것도 중요하지만, 그보다 더 중요한 건 애초에 손절을 안 칠 수 있는 종목을 찾는 일이다. 그게 가장 어렵다. 그래서 분산을 위한 분산은 하지 말아야 한다. 디스플레이 하나, 건설 하나, 반도체 하나, 엔터 하나처럼 섹터별로 하나씩 채우는 것은 분산 투자를 위한 분산일 뿐이다. 그건 투자 아이디어가 아니다. 정말로 필요한 것은 회사와 산업에 대한 집중이다. 이 기업이 성장할 수 있는지, 이익을 낼 수 있는지에 대한 논리가 분명해야 한다.

그럼에도 불구하고, 모든 공부를 했고 아이디어도 분명한데, 내가 알지 못하는 이유로 주가가 계속 빠질 수 있다. 이럴 때가 가장 힘들다. 이유를 못 찾겠고 스스로를 의심하게 된다. 하지만 투자 아이디어가 여전히 살아 있고 본질이 훼손되지 않았다면, 그때는 버텨야 한다. 결국 그 구간은 투자자가 감내해야 할 시간의 영역이다.

마지막으로, 초보 투자자들이 가장 경계해야 할 지점이 있다. 집중 투자는 아이디어가 맞을 때는 문제가 없지만, 틀렸을 때 손절이 안 된다는 것이다. 손실률보다 손실 금액이 먼저 눈에 들어오면서 심리적으로 압도된다. 그래서 사람들은 스스로를 장기 투자자라고 말하지만, 실제로는 비자발적 장기 투자자가 된다. ‘언젠가’라는 단어로 버티게 된다. 그러나 투자에서 ‘언젠가’는 기준이 될 수 없다. 투자 아이디어가 훼손됐다면 그게 오늘 마이너스 20%든 뭐든 상관없이 무조건 잘라야 한다.

예를 들어 게임주라면 출시 일정 지연 정도는 감내할 수 있다. 언젠가 나올 수 있기 때문이다. 하지만 개발이 취소됐거나, 게임이 공개됐는데 완전히 실패했다면 투자 아이디어 자체가 무너진 것이다. 그때는 반드시 팔아야 한다. 하루 더 버틴다고 달라질 건 없다. 그렇게 미루다 보면 반토막이 되고, 그제야 “망했다”라고 하면서 마이너스 30%라도 오면 팔겠다는 상태로 들어간다. 회사가 망가졌다면 더 이상 투자가 아니라 희망 회로가 된다.

그래서 초보일수록 종목 수를 어느 정도 나누는 게 필요하다. 5~7개 정도로 나누면 한두 개가 손실 나도 다른 종목으로 회복이 가능하다. 너무 많아도 문제지만 너무 적어도 위험하다. 세상에는 개인의 의지와 상관없이 벌어지는 일이 항상 존재한다.

레버리지 투자를 해도 괜찮을까?

요즘 시장을 보면 경험이 없는 사람들이 레버리지의 위험을 지나치게 가볍게 보는 것 같다는 생각이 든다. 레버리지를 써본 사람들은 흔히 "과감할 때는 과감하라", "확신이 있으면 배팅하라"라는 말을 한다. 하지만 이 말에는 전제가 있다. 레버리지를 언제 써야 하고, 언제 멈춰야 하는지를 이미 몸으로 겪어본 사람에게만 해당되는 이야기라는 것이다.

문제는 그 말을 듣는 사람들의 대부분이 아직 그 단계가 아니라는 데 있다. 마음속으로는 누구나 확신이 있다. 확신이 없으면 애초에 투자를 하지 않는다. 그런데 "저렇게 해서 부자가 됐다더라"는 결과만 보고, 나도 할 수 있을 것 같다는 착각에 빠진다. 제3자가 보면 말리고 싶은 자리인데, 본인은 확신이 있다고 믿고 레버리지까지 써서 들어간다. 결과는 대부분 비슷하다.

주변에는 실제로 100억, 200억 단위로 자산을 굴리면서 레버리지를 쓰는 사람들도 있다. 하지만 그들은 이미 자산가다. 그 말은 이미 고수의 영역에 들어와 있다는 뜻이다. 이들은 무작정 레버리지를 쓰지 않는다. 숫자에 대한 확신, 섹터의 턴에 대한 반복 검증, 현업자와의 교차 확인 같은 과정을 거친 뒤에야 배팅한다. 이런 사고 과정은 겉으로 보고 흉내 낼 수 있는 게 아니다. 그 사람이 되어보지 않으면 알 수 없는 영역이다.

경험이 없거나 마음이 급한 사람들은 이런 구분이 잘 되지 않는다. 당장 돈이 필요하거나, 손실을 빨리 만회해야 하는 상황이라면 더더욱 그렇다. 그러면 레버리지를 써서 몰빵을 하게 된다. 결과는 대부분 예상 가능한 방향으로 간다. 레버리지는 본인의 실력을 키워주는 도구가 아니라, 실력을 그대로 증폭시키는 도구다. 실력이 부족하면 부족한 만큼 더 빠르게 망가진다.

요즘은 신용 이율이 3~4% 수준이라 싸게 느껴진다. 내 돈 1억으로 2억을 굴릴 수 있으니, 10%만 벌어도 수익이 두 배로 보인다. 하지만 이건 잘될 때 이야기다. 특히 하락장에서는 레버리지가 눈사람처럼 계좌를 녹인다. 상승 추세가 분명한 종목에서 비중을 늘리는 것과, 하락장이나 변동성 큰 장에서 레버리지를 쓰는 건 완전히 다른 이야기다.

그런데 많은 사람이 지금이 상승장인지, 하락장인지조차 분간하지 못한 상태에서 레버리지를 쓴다. 분간이 안 되는 사람이 레버리지를 쓰면 사실상 게임은 끝이다. 예를 들어 1억으로 2억을 굴리다가 종목이 15%만 빠져도 손실은 3천만 원이다. 원금의 30%다. 이 상태에서 또 옮겨 타고, 다시 레버리지를 쓰면 손실은 눈덩이처럼 불어난다. 15%를 두 번 맞으면 반 토막이다. 반 토막은 쉽다. 하지만 거기서 다시 두 배를 만드는 건 거의 불가능에 가깝다.

주변에 레버리지로 단타를 잘 치는 사람들도 있다. 하지만 그런 사람들조차 2~3년 잘 가다가 한 번 크게 맞으면 무너진다. 실제로 코로나 시기에도 수백억을 굴리던 사람들이 레버리지로 한 달 만에 끝난 사례가 적지 않았다. 그나마 시장이 V자로 반등했기 때문에 살아남은 것이지, 만약 L자로 갔으면 대부분 끝이었다.

시장은 예측할 수 없고, 종목도 완벽히 알 수 없다. 그런데도 사람들은 레버리지를 쓴다. 물론 실력이 부족해도 레버리지를 쓸 방법은 있다. 단, 엄격한 원칙이 있어야 한다. 무리하지 않고, 자기 그릇을 알고, 버틸 수 있는 수준으로만 써야 한다. 예를 들어 원금이 1억이라면 많아야 20~30% 수준이다. 그것도 권장이라기보다는 상한선에 가깝다.

문제는 사람이 욕심을 컨트롤하지 못한다는 데 있다. 처음에는 20%, 30%로 시작하지만, 어느 순간 50%, 100%로 늘어난다. 그 상태에서 한 번만 크게 맞아도 회복이 불가능해진다. 그래서 차라리 아예 안 쓰는 게 낫다. 특히 하락장에서 레버리지는 독약이다.

하루 오르고 다음 날 빠지는 널뛰기 장에서 레버리지를 쓰면 멘탈부터 무너진다. 원금을 빨리 회복하고 싶은 마음이 판단을 망가뜨리고, 한 번 꼬이기 시작하면 연속으로 잘못된 선택을 하게 된다. 그때는 계좌가 걷잡을 수 없이 무너진다.

결국 레버리지는 정말 경험이 많은 사람들이, 정말 질 수 없는 종목이라고 판단할 때, 그것도 계좌의 일부에서만 써야 하는 도구다. 주변에서 과감하라고 말해도, 어떤 종목에서 써야 하는지는 아무도 대신 알려주지 않는다. 그 판단의 결과는 전부 자기 몫이다. 그래서 경험이 없다면, 레버리지는 쓰지 않는 게 가장 안전한 선택이다.

언제
살 것인가?

투자 아이디어가 뉴스로 확인된 순간

매수 기법에 대해 자주 질문을 받지만, 결론부터 말하자면 정답은 없다. 시장의 국면이 다르고, 종목의 성격이 다르며, 투자자의 성향 역시 제각각이기 때문이다. 그래서 하나의 공식처럼 어디에나 적용할 수 있는 매수법은 존재하지 않는다고 본다. 다만 이론이 아니라 실제 투자 과정에서 내가 반복적으로 사용해온 방법들을 기준으로 설명해보겠다.

우선 엔터주를 예로 들어보겠다. 엔터주의 움직임에는 분명한 원리가 있다. 큰 파이프라인이 국내 시장에 머물다가 해외로 확장되는 순간, 주가의 레벨이 달라진다. 신인 걸그룹이든, 대형 걸그룹이든, 혹은 보이그룹이든 해외 진출은 구조적인 변화를 의미한다. 요즘은 대형주들이 이미 많이 올라 이런 기회가 줄었지만, 원리는 여전히 같다.

이 흐름을 가장 잘 보여준 사례가 JYP 니쥬 프로젝트였다. 2019년에 진행된 프로젝트인데, 당시 박진영이 일본 현지로 직접 가서 오디션을 보고 최종 멤버를 선발하는 과정을 유튜브로 공개했다. 나는 이 프로젝트에 상당한 기대를 가지고 있었다. 국내에서 만든 그룹을 해외에 수출하는 방식이 아니라, 현지에서 인재를 발굴해 현지인으로 그룹을 구성하는 구조였기 때문이다. 이 방식은 성공 가능성이 훨씬 높다고 봤다.

과거 1세대 아이돌은 대부분 국내 멤버로 구성됐고, 2세대까지도 큰 틀에서는 비슷했다. 3세대에 들어서며 일본이나 중국 멤버가 일부 합류했고, EXO 같은 다국적 그룹이 등장했다.

그리고 4세대에 이르러서는 전략 자체가 완전히 달라졌다. 국내 멤버라도 영어·일본어에 능숙한 인재를 키우거나, 아예 미국이나 일본 현지에서 오디션을 열어 그 나라 사람들로 그룹을 만든다. 이 슈만 만들어지면 현지 흡수 속도가 훨씬 빠르고, 국내를 오가며 발생하는 비효율도 줄어든다.

다시 JYP 이야기를 해보면, 막상 니쥬라는 그룹이 데뷔하고 나서는 생각보다 히트를 치지 못했다. 그러다 코로나가 터졌고, 엔터

주는 직격탄을 맞았다. 해외 활동이 막히고 콘서트도 할 수 없으니, 2020년 4~5월 다른 업종의 주가가 회복될 때도 엔터주는 움직이지 못했다. 이쯤 되니 나 역시 '실패한 프로젝트일 수도 있겠다'며 관심을 접으려는 순간이었다.

그런데 6월 말, 상황이 바뀌었다. 니쥬가 뒤늦게 터졌다. 앨범 판매가 급증했고, 일본 현지에서 좋은 소식들이 들려왔다. 스트리밍 차트와 오리콘 차트에서 1위를 기록했다는 이야기를 듣는 순간, 이건 히트라고 판단했다.

그 신호를 확인하자마자 바로 매수했다. 정확한 날짜는 6월 29일쯤이었을 것이다. 주가가 오르고 있든 말든 상관하지 않았다. 몇 달, 정확히는 8개월 가까이 계속 추적해왔고, 핵심 투자 아이디어는 이미 머릿속에 정리돼 있었다. 당시 주가는 2만 원대였고, 코로나 여파로 충분히 눌려 있는 상태였다. 고점에서 놀고 있던 시기도 아니었다. 크게 물릴 가능성은 낮고, 니쥬가 성공하면 실적과 밸류가 함께 올라갈 수 있는 자리라고 봤다.

이 투자는 니쥬 한 팀으로 끝나는 이야기가 아니었다. 니쥬 프로젝트 시즌1이 성공하면, 다음은 일본 남자 아이돌 오디션으로 이어질 가능성이 높다고 생각했다. 실제로 그 프로젝트가 이미 진행 중이라는 이야기도 들려왔다. 만약 방영된다면 그것 역시 또 하나의 촉매가 될 수 있다.

매수 타이밍의 핵심은 단순하다. 몇 달 전부터 이미 투자 아이디어를 가지고 있었고, 그 아이디어가 뉴스나 성과로 확인되는 순간 주가가 크게 반응할 것이라는 구조를 알고 있다는 점이다. 그리고 그 확인이 이루어졌을 때, 망설이지 않고 들어간다. 이것이 내가 말하는 첫 번째 매수 방식이다. 기다림이 아니라, 확인 이후의 결단이다.

촉매가 실제로 확인될 때

두 번째 사례는 한국금융지주와 예스24다. 투자 아이디어는 이 회사들이 보유했던 카카오뱅크의 지분 가치였다. 이 아이디어는 비교적 이른 시점부터 가지고 있었다. 과거 직장에 다니던 시절, 2015~2016년 무렵 인터넷전문은행 TF에 잠시 참여한 적이 있었는데, 그때 카카오가 인터넷전문은행에 도전하는 과정을 가까이서 볼 수 있었다.

인터넷전문은행 1호는 케이뱅크였지만, 동시에 선정된 곳이 카카오뱅크였고, 당시 거의 모든 증권사와 금융회사가 카카오와 손잡고 싶어 했다. 이유는 명확했다. 플랫폼 파워가 금융에 붙을 때의 파급력이 상당하다는 걸 모두가 직감하고 있었기 때문이다.

그 경험 이후로 인터넷전문은행이 만들어낼 변화의 크기를 계속 염두에 두고 있었다. 시간이 꽤 흐른 뒤, 2020년 무렵 카카오뱅크가 아직 비상장 상태였음에도 장외시장에서 지분 가치가 빠르게 올라가는 걸 보게 됐다. 처음에는 5조 원 정도로 평가받던 기업 가치가 10조, 나중에는 20조까지 거론되기 시작했다. 솔직히 의구심도 들었다. '과연 저 평가가 맞을까' 싶었다. 그래서 나는 보수적으로 10조 원 정도를 상단으로 봤다.

그 기준으로 보면 구조는 꽤 흥미로웠다. 한국금융지주는 카카오뱅크 지분을 약 30% 보유하고 있었고, 예스24도 1%가 넘는 지분을 가지고 있었다. 당시 예스24의 시가총액은 500~600억 원 수준이었는데, 지분 가치만 계산해도 1천억 원이 넘는 구조였다. 한국금융지주 역시 시가총액이 약 2조 5천억 원이었지만, 카카오뱅크 지분 가치는 이미 3조 원 이상으로 평가되고 있었다. 만약 기업 가치가 10조가 아니라 20조로 간다면, 이 숫자는 더 커질 수밖에 없는 구조였다.

이 투자 아이디어는 이미 2019~2020년 초부터 주변에도 이야기하고 다녔다. 언젠가는 이슈가 될 것이고, 그 순간 주가는 크게 움직일 수밖에 없다는 점은 분명해 보였다. 다만 촉매가 정확히 언제 터질지는 알 수 없었다.

그 시점이 찾아온 건 시장 환경과 맞물렸을 때였다. 2020년 시장은 유동성으로 가득 차 있었다. 코로나 이후 풀린 돈이 주식시장으로 몰리면서 공모주 열풍이 불었다. SK바이오팜 상장을 계기로 (SK바이오팜 지분을 보유한) SK 우선주와 본주가 급등했다. 사람들은 앞다퉈 계좌를 만들고 공모주 청약에 뛰어들었다.

그때 자연스럽게 이런 질문이 떠올랐다.

"제2의 SK바이오팜이 될 수 있는 비상장 기업은 무엇일까?"

기준을 세워봤다. 브랜드 인지도가 높고, 누구나 알고 있으며, 상장만 하면 대중의 관심을 한 몸에 받을 기업. 그 조건에 가장 먼저 떠오른 게 카카오뱅크였다. 이미 지분 가치가 시장에서 회자되고 있었고, IPO 스토리로는 더할 나위 없었다.

그러던 어느 날, 카카오뱅크 상장 시 지분 가치가 얼마나 될 것인지에 대한 기사가 나왔다.《더벨》기사였다. 그 뉴스를 보는 순간, 이건 시장에서 본격적으로 돈이 몰릴 수 있는 신호라고 판단했다. 그리고 지체 없이 매수했다. 예스24는 이미 주가가 너무 올라 접근하기 어려웠고, 대신 한국금융지주와 한국금융지주 우선주를 선택했다.

당시 금융주, 특히 증권주는 코로나 충격으로 상대적으로 주가가 많이 오르지 못한 상태였다. 다른 업종들이 빠르게 회복하는 동안에도 금융위기설까지 나올 정도로 눌려 있었다. 그래서 아래는 막혀 있고, 카카오뱅크 상장이라는 이벤트만 나오면 상장 시점까지 들고 가도 되겠다는 판단이 섰다.

결과적으로 이 선택은 잘 맞아떨어졌다. 여기서도 핵심은 같았다. 갑자기 뉴스를 보고 뛰어든 게 아니라, 오래전부터 투자 아이디어를 가지고 있었고, 그 아이디어가 시장의 이슈로 수면 위로 올라오는 순간을 포착해 움직였다는 점이다.

두 사례 모두 공통점이 있다. 촉매가 실제로 확인되는 순간 바로 매수했다는 점이다. 타이밍만 보면 즉각적인 매수처럼 보이지만, 그 이전에 오랜 기간 추적과 고민이 있었다. 그날 갑자기 떠올라 산 종목은 아니었다. 나는 이미 그 기업에 대한 투자 아이디어를 가지고 있었다. 언제 그 아이디어가 현실로 드러날지는 몰랐지만, 일단 부각되기만 하면 주가는 올라갈 것이라는 확신은 사전에 갖고 있었다.

그래서 가치투자자들처럼 '언젠가는 터질 것'을 전제로 긴 시간을 기다리기보다는, 촉매가 실제로 확인된 이후에 사는 방식을 택한다. 그만큼 늦게 매수하더라도, 차라리 확인된 이후에 들어간다는 의미다.

이런 경우 나는 분할 매수를 하지 않는다. 생각했던 비중을 하루나 이틀 안에 한 번에 채운다. 다만 이것은 예외적인 상황이고, 평소에는 분할 매수를 훨씬 더 많이 활용한다. 분할 매수를 하는 이유는 단순하다. 막연히 '좋다'고 생각할 때와, 실제로 내 계좌에 종목이 들어왔을 때 느끼는 긴장감과 집중력은 전혀 다르기 때문이다. 비중이 커질수록 그 종목을 더 깊게 보게 되고, 더 치열하게 공부하게 된다.

특히 분할 매수를 한 뒤 주가가 빠지면 정신이 번쩍 든다. 혹시 내가 놓치고 있는 리스크는 없는지, 내가 보지 못한 변수는 무엇인지 다시 점검하게 된다. 사람들이 분할 매수를 하라고 말하는 이유는 여기에 있다. 한 번에 몰아서 사면 리스크 점검이 느슨해진다. 반면, 분할로 접근하면 생각보다 많은 부분을 다시 보게 된다. 그러다 공부를 할수록 확신이 더 강해지면, 주가가 빠질 때 추가 매수를 하거나 비중을 늘릴 여지도 생긴다.

분할 매수에는 크게 2가지 방식이 있다.

1. 시간 기준 분할 매수

가격과 상관없이 시간을 기준으로 나누는 방식이다. 매일 일정 금액을 사거나, 월급날마다 정해진 금액만 사는 식이다. 이런 방식은 출시 일정이나 이벤트 타임라인이 정해진 종목에 잘 맞는다. 예를 들어 게임주처럼 '언젠가는 나온다'는 건 분명하지만 정확한 저점을 맞히기 어려운 경우다. 출시 전까지의 기간 리스크를 감안해, 조급해하지 않고 시간으로 나눠 모아간다.

물론 이 경우에도 뉴스 체크는 필수다. 내가 매일 신문을 읽는 이유도 여기에 있다. 처음에는 일정이 막연하다가, 어느 순간 "내년 상반기 출시 확정" 같은 뉴스가 나오면 기간이 확 줄어든다. 4~5개월 정도로 압축되면 주가는 그때부터 서서히 움직이기 시작한다. 이 시기에는 지금이 저점인지 알 수 없고, 더 빠질 수도 있기 때문에 욕심 없이 조금씩 산다. 일주일에 한 번, 혹은 매일 소액으로 접근하다가, 일정이 확정되고 주가가 많이 올라오면 매수는 멈춘다. 그리고 이벤트가 실제로 발생했을 때 매도하면 된다.

2. 가격 기준 분할 매수

예를 들어 5월 출시가 확정된 게임이 있고, 1월부터 접근한다고 가정해보자. 현재 주가가 30만 원이면 일단 한 번 사고, 이후 10%씩 빠질 때마다 추가 매수를 한다. 27만 원, 24만 원 식으로 가격대를 정해두는 것이다. 그러다 다시 주가가 반등해 출시 시점이 가까워지면, 이때부터는 매수가격은 고려하지 않고 물량 확보에 적극적으로 임한다. 가격보다는 이벤트가 우선이 되기 때문이다.

게임주는 특히 이런 특성이 강하다. 대형 신작이 나오기 전까지는 실적보다 기대감이 주가를 끌어올린다. 밸류에이션을 완전히 무시할 수는 없지만, 기대감이 앞서서 주가가 움직이는 경우가 많다. 언제 얼마의 실적이 나올지 확실하지 않기 때문에, 시장은 먼저 당겨서 반응한다. 주가는 본질보다 기대를 먼저 반영한다는 말이 딱 맞는 구간이다.

그래서 매수 전략은 종목과 섹터에 따라 달라져야 한다. 업황이 돌아선다는 신호가 명확할 때, PBR 기준으로 역사적 저점에 근접했을 때, 혹은 내가 기다리던 대형 수주나 촉매가 실제로 나왔을 때는 전략이 완전히 달라진다. 예를 들어 연 매출 1천억짜리 회사가 단일 수주로 2천억을 따냈다면, 그건 분할 매수를 고민할 구간이 아니다. 그런 경우에는 시장가로 바로 들어가야 한다. 매수 전략은 그만큼 유동적이다.

나는 차트를 참고용으로만 본다. 지금 이 재료가 이미 주가에 반영됐는지, 아니면 아직 반영되지 않았는지를 확인하는 정도다. 예를 들어 니쥬 이슈가 나오기 전에 주가가 이미 많이 올라 있다면, '이게 선반영된 건 아닐까'라는 고민을 한다. 주가가 너무 높은 상태에서는 심리적으로 흔들리기 쉽기 때문이다. 이럴 때는 비중을 조절한다.

주가의 촉매가 아직 전혀 반영되지 않았고, 시가총액이나 구조상 여유가 충분하다고 판단되면 비중을 크게 실을 수 있다. 반대로 이미 많이 오른 상태라면, 확신이 있어도 비중은 10~20% 수준으로 제한한다. 심리적 부담을 줄이기 위해서다.

또 다른 매수 타이밍은 주가만 빠졌을 때다. 기업의 본질이나 영업에는 문제가 없는데, 주가만 빠지는 경우다.

첫째는 시장 전체가 급락할 때다. 코스피나 코스닥이 흔들리면서 같이 빠졌지만, 회사 자체는 멀쩡한 경우다. 공장은 잘 돌아가고, 실적도 유지되고 있다면 그때가 오히려 기회다.

둘째로 해결 가능한 악재가 있을 때도 매수 타이밍이다. 예를 들어 화재가 났지만 전소는 아니고, 사업에 치명적인 영향이 없는 경우가 있다. 혹은 지배구조 이슈처럼 시간이 지나면 수습될 수 있는 문제인 경우도 있다. 이런 악재는 일시적으로 주가를 크게 눌러놓지만, 회사가 정상적으로 돌아가고 있다면 결국 정리된다. 중요한 건 그 악재가 구조적인 문제인지, 일시적인 문제인지를 구분하는 판단력이다.

이 판단은 쉽지 않다. 그만큼 회사와 산업에 대한 이해도가 필요하다. 하지만 이런 구간이야말로 주식을 가장 싸게 살 수 있는 기회이기도 하다. 시장이 과도하게 공포에 반응할 때, 냉정하게 본질을 볼 수 있는 사람이 결국 수익을 가져간다.

매수는 기술, 매도는 예술! 언제 팔 것인가?

"매수는 기술이고, 매도는 예술이다"라는 말이 있다. 그만큼 매도에는 정답이 없다는 뜻이다.

매해 20~30%씩 꾸준히 성장해온 기업이 있다면, 그리고 그 흐름이 2~3년 이어져왔다면 굳이 팔 이유가 없다. 올해도 성장하고 내년에도 성장할 가능성이 높다면 단타로 접근할 이유도 없다. 그런 기업은 그냥 들고 가면 된다. 물론 주가가 이유 없이 급락하면 사고, 과도하게 오버슈팅이 나오면 파는 식의 대응은 필요하다. 하지만 기본적으로 꾸준히 성장하는 기업이라면 매도를 서두를 필요는 없다.

문제는 스스로 그게 판단이 안 되는 경우다. 기업의 성장성에 대한 확신이 없고, 산업에 대한 이해도 부족하다면 매수도 매도도 모두 어려워진다. 그럴 때는 오히려 단순하게 접근하는 편이 낫다. 다만 여기서도 중요한 건 섹터다. 시클리컬(cyclical)이 강한 기업(경기 사이클을 많이 타는 기업), 게임주처럼 이벤트에 따라 움직이는 종목, 철강·화학처럼 업황을 크게 타는 산업은 접근 방식이 다르다. 이런 종목들은 이벤트가 끝나거나 업황이 꺾일 때 팔아야 한다.

결국 회사마다, 산업마다 성격이 다르다. 그 특징을 이해하지 못한 상태에서 "언제 팔아야 하나요?"라고 묻는 건 의미 없는 질문이다. 섹터마다, 투자 아이디어마다 팔아야 할 시점은 이미 정해져 있다. 시클리컬, 게임주, 테마주는 더더욱 그렇다. 예를 들어 정치 테마주를 샀다면 언제 팔아야 할지는 명확하다. 선거 전이나 이벤트 직전에 정리하면 된다. 그런데 투자 아이디어는 잊어버린 채 "언제 팔아야 하죠?"라고 묻는 순간부터 문제가 생긴다.

투자 아이디어가 발현되면 주가는 오른다. 그때 시장에서는 너도나도 좋다고 떠든다. 바로 그 시점에서 분할 매도를 시작하면 된다. 나는 매수할 때 이미 매도 시점을 어느 정도 염두에 두고 들어간다. 결국 문제는 욕심이다. 더 갈 것 같다는 생각, 계속 오르니까 팔기가 어려워지는 마음이 판단을 흐린다.

하지만 이벤트가 끝났거나, 업황이 꺾였거나, 내가 기대했던 투자 논리가 무너졌다면 깔끔하게 나와야 한다. 그 판단조차 못 하겠다면 애초에 사지 않는 게 맞다. 판단이 가능하다면 미련 없이 정리해야 한다. 그런데 많은 사람이 '조금 더 오를 것 같아서'라는 이유로 계속 들고 간다. 결국 욕심 때문이다.

사람들은 자기가 산 가격은 최저점이길 바라고, 파는 가격은 최고점이길 바란다. 또 하나의 착각은, 자기가 보유 중일 때 찍었던 최고점을 '본전'이라고 생각하는 것이다. 예를 들어 주가가 한때 1만 원까지 갔다가 업황이 꺾이며 9천 원, 8천 원으로 내려왔다고 하자. 이미 고밸류 구간을 지나 내려오고 있음에도, 사람들은 1만 원만 다시 오면 팔겠다고 생각하며 버틴다. 그러다 결국 물린다.

그래서 미련을 버려야 한다. 정말 아무것도 모르겠고 감이 없다면, 기계적으로 사고 기계적으로 파는 방법도 있다. 목표 수익률을 정해두는 것이다. '20%만 먹고 나온다'고 정했다면, 20% 수익이 났을 때 그냥 팔면 된다. 종목은 얼마든지 많다. 그런데 많은 사람이 그런 매도 계획조차도 없다. 오르면 사고, 빠지면 팔고, 감정에 휘둘린다.

매도가 어려운 이유는 단 하나다. 내가 팔고 나서 더 오를까 봐 두렵기 때문이다. "더 가면 어떡하지?"라는 생각이 발목을 잡는다. 그런데 그건 내 통제 밖의 일이다. 더 가면 그냥 시장의 몫이다. 그걸 고민하며 배 아파할 필요는 없다. 투자는 내 기준을 지키는 게임이지, 최고점을 맞히는 시험이 아니다.

팔고 난 후의 마음가짐이 더 중요하다

얼마에 파느냐도 물론 중요하지만, 그보다 더 중요한 건 팔고 난 이후의 마음가짐이다. 내가 이걸 팔고 나서 미련 없이 떠나보낼 수 있느냐, 그 멘탈을 잘 관리할 수 있느냐가 훨씬 중요하다.

'이 정도면 충분하다. 나는 후회 없다'는 일종의 자기 확신, 혹은 최면 같은 걸 걸고 나서 팔아야 한다. 그래야 이후에 주가가 더 올라가더라도 담담하게 보낼 수 있다. 그런데 사람들은 항상 그걸 아쉬워한다.

나 역시 최근에 그런 경험을 했다. A라는 종목을 오래 들고 있다가 정리했는데, 바로 다음 날 실적 발표를 하고 급등해버린 것이다. 나는 '피크아웃(peak-out)'이라고 판단해서 팔았는데, 주가는 오히려 가버렸다. 솔직히 배가 아팠다. 그래서 실력이 좋다고 생각하는 분들에게 물어봤다. 이런 상황에서 멘탈 관리를 어떻게 하느냐고. 돌아온 대답은 똑같았다.

주식 하다 보면 이런 일은 비일비재하고, 어떻게 매번 고점을 맞추겠느냐. 종목은 널려 있으니 또 다른 기회를 찾으면 된다는 이야기였다. 어쨌든 수익을 냈다면, 그 자체로 성공이다. 그런데 사람 마음이 묘해서, 내가 팔고 나서 주가가 빠지면 괜히 기분이 좋아지고, 반대로 내가 팔고 나서 오르면 배가 아프다. 그 감정에 휘둘리면 안 된다.

이 생각을 초보 투자자나 일반 투자자들이 꼭 가져야 한다. 이런 일은 앞으로 수백 번 겪게 된다. 문제는 거기에 집착하는 순간이다. 아쉬움 때문에 다시 들어가고, 더 갈 것 같아서 쫓아 들어갔다가 물리고, 그 고통이 반복된다. 끝이 없다. 이미 떠난 버스를 다시 잡으려다 더 큰 손실을 보는 셈이다. 한번 내렸으면 정말 보내줘야 한다.

내가 20년 넘게 투자를 해오면서 실력이 늘었다고 느끼는 순간은 단순히 계좌 수익률이 좋아졌을 때가 아니다. 수십 번, 수백 번 매수와 매도를 반복하면서도 "그래, 이건 여기까지다. 다음 기회를 찾자"라고 마음을 정리할 수 있게 되었을 때다. 팔고 나서 올라가면 올라가는가 보다 하고 넘기고, 그 시간에 다른 종목을 공부하자고 생각할 수 있게 된 것, 그게 성장이라고 생각한다.

다만 그냥 잊어버리라는 뜻은 아니다. 매도나 손절 이후에는 반드시 리뷰가 필요하다. 왜 이 시점에 팔았는지, 왜 이렇게 판단했는지, 무엇이 부족했는지를 기록하고 분석해야 한다. 그리고 만약 그 이후에 주가가 크게 올랐다면, 왜 올랐는지도 다시 살펴봐야 한다. 그래야 같은 종목, 같은 투자 아이디어를 다시 만났을 때 똑같은 실수를 반복하지 않는다. 100% 맞출 수는 없지만, 실수의 횟수는 분명히 줄어든다.

고점에서 물렸다면, '왜 이때 샀을까'를 반드시 돌아봐야 한다. 남들이 사니까 샀는지, 업황을 제대로 공부하지 않았는지, 밸류에이션을 확인하지 않았는지…. 원인은 결국 공부 부족이다. 이걸 인정하고 고치지 않으면, 다음 사이클에서도 똑같이 반복된다.

물린 종목이라고 해서 그냥 놔두면 안 된다. 오히려 더 공부해야 한다. 업황 사이클이 몇 년 주기로 돌아오는지, 과거 PBR 밴드는 어땠는지, 언제가 바닥이었는지를 분석해야 한다. 그러면 손실을 줄이거나, 다음 사이클에서 훨씬 나은 판단을 할 수 있다. 그게 실력을 키우는 길이다.

매도의 전략은 공식이 아니다. 차트 몇 개 보고, PBR 몇 배에서 사고파는 식으로 일괄 적용할 수 있는 문제가 아니다. 섹터를 이해하고, 산업의 흐름을 알고, 그에 맞는 전략을 세워야 한다. 그것마저 어렵다면, 차라리 기계적으로 사고 기계적으로 파는 것도 하나의 방법이다. 아니면 팔고 나서 전혀 후회가 남지 않을 정도의 마음가짐을 갖고 정리하는 것도 충분히 좋은 매도다.

주식 투자는 객관식 문제가 아니다. 주관식이다. 하루 이틀 할 게임도 아니고, 앞으로 수십 년을 계속해야 할 과정이다. 그러니 매수와 매도에 집착하지 말고, 미련을 내려놓는 연습을 하자. 그게 결국 오래 살아남는 투자자의 가장 중요한 자산이다.

성장주 투자 사이클을 읽어라

이미 너무 올랐다? 어떤 국면에 있는지 살펴라

"장기적으로 너무 많이 올라서 부담스럽다", "밸류에이션이 비싸다"라고 말한다. 그런데 여기서 한번 짚고 넘어가야 할 게 있다. '많이 올랐다'는 말이 도대체 무엇을 의미하느냐는 것이다.

사람들이 막연하게 '많이 올랐다'고 느낄 때는 보통 2가지 생각으로 갈린다.

첫 번째는 '이미 많이 올랐으니 이제 더 이상 오르기 어렵지 않을까'라는 생각이다.

**두 번째는 '이 정도로 올랐다는 건 그만큼 좋은 주식이 아닐까'라는 생
각이다.**

문제는 '많이 올랐다'는 기준 자체가 굉장히 모호하다는 데 있다.
어떤 사람은 차트만 보고 판단한다. 주가가 빠르게 올라왔다는 이유
만으로 "이렇게 오른 걸 어떻게 사냐"라고 말한다. 하지만 여기서 한
번쯤은 생각을 바꿔볼 필요가 있다. 많이 올랐다고 해서 무조건 피
해야 할 대상일까, 아니면 오히려 이유를 따져봐야 할 신호일까?

투자자라면 주가가 오른 '결과'보다, 왜 올랐는지를 먼저 봐야 한
다. 터무니없는 기대감이나 일시적인 테마로 오른 것인지, 아니면
실제로 이익이 증가하고 있고 시장이 이제 막 열리거나 성장 초입에
들어섰기 때문인지, 혹은 앞으로도 성장이 이어질 가능성이 높은 산
업이기 때문인지 구분해야 한다. 이유가 합리적이라면, '많이 올랐
다'는 사실 하나만으로 배제할 필요는 없다.

특히 성장주는 구조적으로 주가가 많이 오를 수밖에 없다. 이익
이 증가하고, 시장이 커지고, 그에 따라 사람들이 더 높은 밸류를 주
기 때문이다. 성장주의 핵심은 성장률이고, 여기서 중요한 차이는
보통 사이클의 유무다.

산업에는 보통 4단계가 있다. 도입기, 성장기, 성숙기, 쇠퇴기다.
이 중에서 주가가 가장 과격하게 움직이는 구간은 도입기다. 도입기
에는 밸류에이션이 거의 무시된다. 적자 기업도 주가가 오르고, PER

이 80, 100을 넘어가는 경우도 흔하다. 2차전지 섹터를 떠올려보면 이해가 쉽다. 아직 완성되지 않은 산업이지만, 방향성에 대한 확신이 있기 때문에 투자가 몰리고 주가는 먼저 움직인다.

성장기로 들어서면 상황이 조금 달라진다. 이익이 실제로 증가하기 시작하면서도, 여전히 높은 밸류에이션을 받는다. 앞으로 3년, 4년 뒤에도 성장이 이어질 것이라는 기대가 있기 때문이다. 이런 산업은 PER 30, 40을 줘도 시장이 받아들인다. 그래서 "PER 10배, 15배가 되면 사야지"라고 기다리면, 그런 가격은 아예 오지 않는 경우가 많다.

반대로 PER이 한 자릿수로 내려오는 시점은 대부분 산업이 성장기를 지나 성숙기에 접어들었을 때다. 조선, 철강, 화학이 모두 그런 길을 걸어왔다. 과거에는 이들 역시 성장주였다. 한국과 중국이 세계의 생산 공장 역할을 하던 시절에는 폭발적인 성장이 있었고, 포스코 같은 기업도 성장주의 영역에 있었다. 하지만 지금은 성장성이 둔화되면서 가치주의 성격으로 바뀌었다.

이 관점에서 보면, 지금의 성장주들이 밸류에이션이 비싸 보이는 건 어느 정도 자연스러운 현상이다. 성장주란 원래 비싸게 거래되는 자산이다. 특히 사이클이 약하거나 거의 없는 구조적 성장 산업이라면 더 그렇다. 중요한 건 싸냐 비싸냐가 아니라, 지금 이 산업이 어느 단계에 와 있는지, 그리고 앞으로의 성장률이 지금의 밸류를 정당화할 수 있는지를 판단하는 일이다.

그래서 성장주를 볼 때는 단순히 "많이 올랐다", "비싸다"라는 말로 결론을 내리기보다, 그 가격이 어떤 성장 국면 위에 놓여 있는지부터 따져보는 게 필요하다. 성장주 투자는 숫자를 깎아 보는 게임이 아니라, 시간을 사는 투자에 가깝기 때문이다.

성장주는 언제 사야 할까?

성장주는 항상 비싸 보인다. 그래서 결국 가장 궁금해지는 건 딱 하나다.

"그럼 언제 사야 할까?"

성장주를 가장 싸게 살 수 있는 시기는 시장이 급락할 때다. 산업이나 기업은 그대로 성장하고 있고 그에 따른 이익도 지속적으로 성장하고 있는데, 크고 작은 외부적인 변수 등으로 인해 시장 전체가 하락할 때 이런 성장주들도 결국 동반 하락하는 경우가 많다.

시장이 하락할 때야말로 성장주를 살 수 있는 바겐세일 기간이다. 그때 가장 중요한 것은 '그 기업이 성장을 지속적으로 유지하고 있느냐'다. 지속적으로 성장하고 있는데 주가만 20~30% 씩 빠졌다면 그때야말로 절호의 매수 기회인 것이다.

이걸 모르고 단순히 '빠진다'는 이유로 던지거나, 반대로 공포가 극대화된 지점에서 손절해버리면 나중에 후회가 남는다.

핵심은 2가지다.

첫째, 이 회사의 내년 실적은 얼마인가?

둘째, 시장은 이 회사에 역사적으로 어느 정도의 밸류를 줘왔는가?

이 2가지를 기준으로 역산하면, 지금 주가가 비싼지, 아니면 시장 공포로 싸게 거래되고 있는지 판단할 수 있다. 이 방식은 초보 투자자에게는 조금 어렵게 느껴질 수 있지만, 사실은 굉장히 중요한 사고법이다. 성장주는 위기 때 산다. 그리고 그 위기 속에서 방향을 잡지 못하겠다면, 과거 5년의 밸류에이션 밴드와 1년 후 실적을 기준으로 주가를 역산해보라. 그 가격대에 오면, 최소한 버틸 확률이 높고, 분할 매수를 시작해볼 수 있는 구간이 된다.

이걸 반복해서 연습하면, 성장주 투자가 감이 아니라 구조로 보이기 시작할 것이다.

성장주 투자 사이클 5단계

시장을 보면 항상 그 시기를 이끄는 섹터들이 나온다. 어느 정도 경험이 쌓이기 전까지는 이런 섹터들이 어떤 사이클로 움직이는지에 대한 감을 잡기가 어렵다. 그래서 성장주가 어떻게 시작해서, 어떻게 부흥하고, 또 어떻게 가라앉는지를 경험해보는 것은 큰 자산이 된다.

이 내용은 조금 어려울 수도 있고, 실증적인 공식이 있는 이야기도 아니다. 손에 잘 잡히지 않는 개념일 수도 있다. 다만, 주가가 어떤 흐름으로 만들어지는지, 그 큰 구조를 알고 시장을 관찰한다면 성장주를 바라보는 눈이 한 단계는 달라질 수 있다. 성장주 투자가 감이 아니라 구조로 보이기 시작할 것이다.

나는 그동안 엔터주, 2차전지, 피부미용 등 몇몇 섹터에서 의미 있는 성과를 냈다. 정해진 공식은 없지만, 이 섹터들이 올라가는 과정에는 공통점이 있었다. 단번에 끝나는 테마가 아니라, 중간에 조정을 받으면서도 전체 흐름은 위로 이어졌고, 결과적으로 2루타, 5루타, 10루타가 되는 과정이었다.

이런 섹터들의 공통적인 특징은 초반에 테마성이 강하다는 점이다. 아직 숫자가 나오지 않은 상태에서 기대감만으로 움직인다. 요즘 표현으로 하면 내러티브, 그러니까 꿈과 이야기로 주가가 먼저 반응하는 단계다. 새로운 산업이 등장했다거나, 새로운 뉴스나 호재가 나왔을 때 관련 섹터들이 한꺼번에 올라가는 현상이 여기서 나온다.

2차전지가 그랬고, 피부미용 섹터도 그랬다. 조선, 전력기기처럼 어느 정도 숫자가 받쳐주는 섹터도 있었지만, 최근 가장 전형적인 사례는 원전 섹터다. 원전은 아직 뚜렷한 숫자가 나오지 않은 상태에서 기대감만으로 먼저 움직였다. 실제로 원전 관련 기업들이 사업을 하고 이익을 내고는 있지만, 미국과 글로벌 에너지 정책 변화로 원전 산업이 다시 성장할 것이라는 시장 전체에 대한 기대감이 먼저 주가를 끌어올렸다.

1단계: 기대감만으로 주가 급등

초기 국면에서는 밸류에이션이 크게 중요하지 않다. 새로운 산업이 열릴 거라거나, 성장률이 몇십 퍼센트에 이를 거라거나, 해외 자금이 대거 유입될 거라는 이야기만으로도 주가는 먼저 급등한다. 과거 전기차도 마찬가지였다. 실제 실적이 얼마나 나올지는 모르는 상태에서, 미국 시장이 열린다는 기대만으로 주가가 먼저 올라갔다.

이 단계가 바로 섹터 사이클의 첫 번째 국면이다. 숫자는 아직 없지만, 시장이 그려내는 미래 그림만으로 주가가 움직이는 시기다. 조선 역시 군함 수요, 미국의 조선 산업 확대 같은 이야기들이 먼저 나오면서 초기에는 테마성 시세가 형성됐다. 초반에는 명확한 수주 숫자나 실적이 나오지 않아도, 관련주들이 한꺼번에 움직이는 1차 상승기가 나타난다. 이걸 섹터 사이클의 시작 단계로 보면 된다.

그럼 이런 섹터들은 한 번 올라갔다가 다시 꺼져서 제자리로 돌아갈까, 아니면 그 이후에 또 한 번 더 뛸 수 있을까? 정답은 정해져 있지 않다. 핵심은 그 이슈가 단기 이벤트로 끝나는 이야기인가, 아니면 아직 시작은 안 됐지만 갈 수밖에 없는 미래인가 하는 것이다.

최근에 5루타, 10루타까지 간 종목들을 보면 공통점이 있다. 효성중공업, 현대일렉트릭 같은 전력기기 업체들, 조선업체들, 원자력 관련주들, 미국 수출 비중이 큰 화장품이나 산업재 기업들까지 모두 마찬가지다. 이들 역시 처음에는 기대감으로 출발했지만, 중간중간 "이제 피크아웃 아니냐"라는 이야기가 반복해서 나왔다. 그런데도 다시 올라갔다. 이유는 단순하다. 지속적으로 성장할 것이라는 내러티브가 끊기지 않았기 때문이다.

특히 정책이 뒷받침되는 경우는 더 강하다. 예를 들어 미국이나 유럽의 전기차 보조금처럼, '몇 년도까지 지급한다'는 식으로 명확하게 기간이 박혀 있으면 그 산업은 그 기간 동안 계속 살아 있다. 보조금이 유지되는 한, 산업의 기대감도 유지된다. 이런 경우에는 한 번 조정을 받아도 다시 고점을 갱신하는 일이 반복된다.

2차전지가 좋은 사례다. 2차전지는 2015~2016년에도 한 차례 크게 오른 적이 있다. 하지만 그때는 너무 앞서간 기대였다. 전기차 시장이 태동하기 직전이었고, 정책과 인프라, 밸류체인이 아직 준비되지 않은 상태였다. 폭스바겐 디젤게이트 이후 유럽에서 친환경 정책이 쏟아져 나오면서 관련주들이 다 같이 올랐지만, 실제 실행까지는 시간이 너무 오래 걸렸다. 그래서 한번 식었다.

그 이후 다시 크게 움직인 건, 미국을 중심으로 정책이 구체화되고 보조금과 법안이 실제로 집행되기 시작했을 때였다. 밸류체인이 갖춰지고, 생산이 본격화되기 시작한 시점이 2018년 전후였고, 테슬라를 중심으로 실제 생산과 판매가 늘어난 건 2019~2020년 이후다. 미국 완성차 업체들이 본격적으로 전기차를 생산하기 시작한 것도 2022~2023년 이후다. 그러니까 처음 기대가 나온 시점부터 실제 산업이 자리 잡기까지 거의 7~8년이 걸린 셈이다.

초기에 한 번 급등했다고 해서 끝나는 섹터도 있지만, 정책·제도·산업 구조상 결국 갈 수밖에 없는 트렌드라면 중간에 식는 구간이 있어도 다시 살아난다. 반대로 기대만 있고, 실제로 실행될 가능성이 낮거나 너무 먼 이야기라면 한 번 올라갔다가 그대로 끝난다.

그래서 이런 섹터를 볼 때는 단순히 '올랐냐, 빠졌냐'를 볼 게 아니라, 이 내러티브가 정책으로 고정돼 있는지, 실제 법안과 지원이 따라오는지, 시간은 걸리더라도 결국 현실이 될 수밖에 없는 구조인지, 이걸 계속 점검해야 한다.

섹터가 다시 뛸 수 있는지는 주가가 아니라, 그 미래가 정말로 올 수밖에 없는 미래인지에 달려 있다. 이 판단이 되면, 중간 조정은 끝이 아니라 다음 국면으로 가기 위한 과정일 가능성이 높다.

이 단계에서는 실제로 수혜를 받는 회사가 어디인지가 명확해진다. 여기서 말하는 숫자는 재무제표에 찍히는 실적이 아니다. 캐파 증설 계획이 있는지, 밸류체인 안에 실제로 들어갔는지, 단순한 MOU가 아니라 실제 공급 단계로 넘어갔는지를 확인하는 구간이다.

2단계: 기대에 부응하는 실체가 보인다

1단계가 "전체 시장이 연평균 30~40% 성장할 것이다"라는 기대감의 단계라면, 2단계는 훨씬 구체적이다. 어떤 회사가, 어떤 위치에서, 어떻게 들어가는지가 보이기 시작한다.

내가 2차전지 투자에서 에코프로비엠을 봤던 것도 이 이유였다. 에코프로비엠은 2018~2019년에 이미 주가가 올랐다가, 뉴스가 끊기면서 다시 빠진 적이 있다. 산업이 지지부진해지면 관련주들은 다 같이 빠진다. 그런데 2020년 바이든 정부가 들어서고 본격적인 생산 이야기가 나오기 시작하면서, 내가 가장 주목했던 건 캐파 숫자였다.

당시 에코프로비엠의 양극재 연간 생산 캐파는 약 3만 톤이었는데, 2년 내에 18만 톤까지 증설하겠다는 계획이 나왔다. 단순 계산만 해도 매출이 5~6배 늘어날 수 있는 구조였다. 이 숫자에서 힌트를 얻었다.

그래서 그때부터 질문이 바뀌었다.

"이 회사는 왜 이렇게 증설을 하는 걸까? 도대체 어디에 납품을 하기에 이런 계획이 가능한 걸까?"

이미 주가는 어느 정도 올라와 있었지만, 아직 폭발적으로 오른 상태는 아니었다. 살펴보니 이 회사가 SK와 삼성 양쪽 모두에 벤더로 등록돼 있었다. 한 고객사가 여러 벤더를 두는 건 흔하지만, 한 벤더가 여러 대형 고객사를 동시에 확보하는 경우는 많지 않다. 그만큼 기술력이 있거나 해자가 있다고 판단할 수밖에 없었고, 실제로 양극재 기술력이 강점이었다.

이 정도 증설 계획이라면 매출도 그만큼 늘어날 수밖에 없다고 봤다. 그래서 그때부터 추적 관찰을 시작했다. 사업보고서를 읽고, 탐방을 다니고, IR을 듣고, 자료와 영상들을 찾아보면서 회사가 제시하는 비전을 팩트 체크했다.

이후에는 앞단이 더 커졌다. 완성차 업체들의 생산 계획이 상향되면서 삼성과 SK의 배터리 증설 계획도 같이 커졌고, 자연스럽게 양극재 수요도 늘어났다. 처음에는 18만 톤 이야기였던 게 50만 톤, 나중에는 계획상 90만 톤까지 언급되기 시작했다. 계획이긴 했지만, 흐름은 분명했다. '잘되고 있구나'라는 판단이 가능한 시점이었다.

이 시점부터 주가는 훨씬 더 크게 움직였다. 단순히 산업이 성장한다는 내러티브가 아니라, 숫자와 고객사가 구체적으로 잡히는 단계였기 때문이다. 이게 2단계다.

3단계: 숫자 싸움이 시작된다

3단계는 이 계획된 숫자가 실제로 언제 실현되느냐의 문제다. 캐파를 18만 톤, 50만 톤, 80만 톤으로 잡아놨다면, 실제로 그 생산이 언제 시작되고 언제 숫자가 찍히느냐가 중요해진다. 이때부터 애널리스트들의 추정치가 나오기 시작한다.

공장이 준공되고, 초도 물량이 나오고, 램프업이 진행되면서 컨센서스가 형성된다. 이 단계부터는 실적이 컨센서스를 얼마나 충족하느냐가 중요해진다. 이때부터는 주가가 훨씬 까다로워진다. 이전까지는 기대감으로 막 가지만, 이 단계에서는 숫자 싸움이 된다.

컨센서스를 크게 상회하면 주가는 한 번 더 불꽃을 튀긴다. 특히 영업이익률이 추정치를 넘어서면 마지막으로 한 번 더 강하게 간다. 반대로 컨센서스 수준에 그치면 주가는 잔잔해지고, 미달되면 변동성이 커진다.

'주린이' 때 가장 어려운 구간이 바로 이 지점이다. 실적이 잘 나왔는데도 주가가 떨어지는 경우가 많다. 기대가 너무 앞서 있었거나, 마진이 생각보다 안 나왔을 때다. 이때는 실적이 일회성인지, 구조적인 문제인지 판단해야 한다.

에코프로비엠의 경우는 더 앞단에서 문제가 터졌다. 산업 자체의 정책 환경이 무너지면서, 숫자가 나오기도 전에 주가가 먼저 무너졌다. 앞단에 있던 정책과 성장 프레임이 깨지면, 이후 숫자는 의미가 없어질 수밖에 없다.

그래서 결국 중요한 건, 이 산업의 맨 앞단에 있는 전제 자체가 아직 살아 있는지다. 그게 무너지면, 아무리 계획된 숫자가 있어도 주가는 버티기 어렵다.

4단계: 피크아웃의 전조

그다음 단계가 4단계, 흔히 말하는 '피크아웃의 전조 단계'다. 이 단계에서는 사업 자체는 잘 되고 있다. 판매도 잘 되고, 매출과 영업이익도 늘어난다. 다만 차이가 하나 있다. 증가율이 꺾이기 시작한다는 점이다.

초기에는 공장을 새로 세우고 가동률이 올라가면서 매출이 폭발적으로 늘어난다. 매출이 거의 없던 회사가 대규모 설비를 돌리기 시작하면 성장률이 50%, 100%씩 나오는 시기가 있다. 보통 초반 1~2년, 길어야 2~3년 정도다. 하지만 영원한 성장은 없다.

시장 자체가 커지면서 침투율이 일정 수준에 도달하면, 절대적인 매출은 계속 늘어나도 성장률은 자연스럽게 둔화된다. 전기차를 예로 들면, 전체 자동차 시장에서 전기차 비중이 1%일 때는 1~2%만 늘어나도 성장률이 100~200%다. 3%에서 6%로 가면 시장은 두 배 성장한 것이다. 그런데 6%에서 9%로 가면 같은 3% 성장이지만 성장률은 50%가 된다. 9%에서 12%로 가면 이제는 성장률이 30%이다. 같은 3% 증가여도 성장률은 떨어진다.

이렇게 되면 문제가 생긴다. 과거에는 매출이나 이익이 30~50%씩 성장할 때 PER 30배, 40배, 50배를 받던 회사가, 이제는 성장률이 10% 안팎으로 내려온다. 그러면 EPS는 늘어나는데도 불구하고, 시장은 더 이상 높은 밸류에이션을 주지 않는다. 그 순간부터 주가는 흔들린다.

이게 바로 성장주가 가치주로 넘어가는 지점이다. 회사가 망한 것도 아니고, 실적이 나빠진 것도 아니다. 작년보다 이익은 더 낸다. "그런데 왜 피크아웃이냐"라는 질문이 나오는 구간이다. 답은 단순하다. 성장은 하고 있지만, 기울기가 달라졌기 때문이다.

내 기준에서 성장주라고 부를 수 있으려면 최소한 연 20~30% 이상의 성장이 필요하다. 10% 성장은 좋은 회사일 수는 있어도, 더 이상 성장주로 평가받기는 어렵다. 이 단계가 '주린이' 때 가장 이해하기 어려운 구간이다. 실적은 잘 나오는데 주가는 빠지고, PER은 점점 낮아진다.

그래서 과거 5년간 꾸준히 성장했고, PER도 6배, 7배밖에 안 되는 '너무 싸 보이는 주식'이 나온다. 하지만 이건 착시다. EPS는 늘어나는데 PER이 계속 내려가면서 주가가 빠지는 구간이기 때문이다. 이미 시장에서는 성장주가 아니라 가치주로 재평가가 끝난 상태다. 이걸 모르고 들어가면, 싸 보이는데 계속 물리는 상황이 된다. 이 단계가 바로 성장 사이클의 끝자락, 피크아웃의 시작이다.

그런데 대부분의 섹터가 결국은 이런 과정을 겪는다. 예를 들면 F&F가 그랬다. 과거에는 시가총액이 크지 않았는데, 중국에서 폭발적으로 성장하면서 주가가 크게 움직였다. 중국 매장이 처음 100개 생겼을 때도 주가가 올랐고, 이후 1,200개까지 늘리겠다고 했을 때는 성장 기대가 극대화됐다.

초기에는 100개에서 200개, 300개로 늘어나는 과정이 가파르다. 성장률이 눈에 띄게 나오기 때문이다. 그런데 매장이 800개까지 늘어난 이후를 보면 이야기가 달라진다. 100개에서 800개까지는 8배 성장이지만, 800개에서 1200개로 가는 과정은 속도가 느릴 수밖에 없다. 이 지점부터는 시장도 이미 다 알고 있다. 회사는 여전히 돈을 잘 벌고 있는데, 주가는 오히려 크게 빠진다.

이유는 단순하다. 성장률이 더 이상 나오지 않는다는 시장의 판단 때문이다. 과거에는 영업이익이 몇백억에서 몇천억으로 급증하면서 재무제표가 드라마틱했지만, 어느 순간부터 이익이 정체된다. 그러면 시장은 더 이상 높은 밸류에이션을 주지 않는다. 돈은 벌지만 성장이 둔화된 기업, 즉 가치주로 재분류되는 것이다.

시장이 좋아하는 건 결국 성장이다. 시장에서 주목받았던 종목들을 10년, 15년 치 재무제표로 쭉 보면 공통점이 있다. 초반에 PER이 50배, 60배여도 성장이 가파르면 주가는 계속 간다. 반대로 아무리 싸 보여도 성장이 멈추면 주가는 못 간다. F&F도 결국은 그 흐름을 벗어나지 못했다.

의류 산업을 보면 더 명확하다. 국내 의류 회사들은 내수 중심이라 성장에 한계가 있고, 보통 PER 6~7배 이상을 받기 어렵다. 백화점에 다 입점하고, 아울렛으로 내려가는 순간부터는 성장이 멈춘다. F&F가 과거에 20배, 25배까지 받았던 건 중국 시장 성장에 대한 기대 때문이었다. 하지만 중국 성장 스토리가 멈추자, 지금은 다시 PER 6~7배 수준으로 돌아왔다.

5단계: 성장주에서 가치주로 가는 기로

그렇다면 이런 회사가 다시 성장주로 평가받으려면 무엇이 필요할까? 결국 다시 성장이 나와야 한다. 문제는 돈을 많이 벌었다고 해서 그 돈을 어디에 쓰느냐다. 벌어들인 자금을 골프장이나 부동산 같은 곳에 쓰기 시작하면, 시장은 그 회사를 더 이상 성장 기업으로 보지 않는다.

실제로 과거에 더네이처홀딩스도 국내에서는 크게 성장했지만, 해외 진출이 실패하면서 이후에 골프 사업 같은 쪽으로 방향을 틀었다. 이런 선택이 나오는 순간, 시장에서는 성장 스토리가 끝났다고 판단한다. 이런 흐름이 바로 성장주가 가치주로 넘어가는 전형적인 과정이다.

내가 보기에는 이런 가치주들이 다시 성장주로 돌아가려면 조건이 명확하다. M&A를 하거나, 신규 제품을 끊임없이 시도해서 그중 하나라도 확실하게 성공해야 한다. 그 성공으로 매출이 다시 가파르게 늘어나기 시작하면, 시장의 평가는 다시 성장주로 바뀐다. 이건 2차전지나 F&F만의 이야기가 아니라, 거의 모든 종목에 공통으로 적용된다.

삼양식품도 같은 맥락이다. 지금 주가만 봐도 몇 년 사이에 정말 드라마틱하게 변했다. 내 기준에서는 삼양식품은 지금 성장주의 거의 정점, 단계로 치면 3단계 정도에 와 있다고 본다. 공장이 실제로 돌아가고, 컨센서스가 형성되고, 그 기대치가 주가에 반영되는 구간이다.

내가 소비재를 좋아하는 이유가 있는데, 소비재는 호흡이 굉장히 길다. 대신 중간에 반드시 속도가 느려지는 구간이 온다. 실제로 삼양식품도 그렇게 느려졌던 시기가 있었다. 주가가 빠지고, 성장에 대한 의문이 나왔던 구간이다. 그런데 그걸 지나고 나면 다시 드라이브가 걸린다. 결국 핵심은 회사가 얼마나 잘 파느냐, 마케팅을 얼마나 잘하느냐라고 생각한다.

삼양식품도 초기에 '불닭볶음면'이 유튜브 챌린지로 크게 떴을 때 주가가 10만 원대에서 16만 원까지 갔다가 잠시 주춤했다. 그 이후에 마케팅을 더 투입하고, 입소문이 커지면서 다시 흐름이 이어졌다. 불닭볶음면 오리지널뿐 아니라 까르보나라 제품이 나오면서 라인업이 확장됐고, 그때부터 확산 속도가 훨씬 빨라졌다.

내가 기억하는 결정적인 장면이 하나 있는데, 어떤 아이가 생일 선물로 '까르보 불닭볶음면' 세트를 받고 감격해서 우는 영상이었다. 그게 크게 퍼졌고, 회사가 그걸 놓치지 않고 그 아이에게 제품을 보내주면서 마케팅 효과가 극대화됐다. 이런 식으로 소비재는 작은 계기가 큰 흐름으로 이어진다.

시장 확장 방식도 비슷하다. 처음에는 동남아에서 유행이 시작되고, 영어권을 타고 미국으로 가고, 다시 유럽으로 퍼진다. 케이팝이 그렇게 갔고, 삼양식품도 같은 흐름을 타고 있다. 지금은 케파 증설이 어느 정도 마무리됐고, 이제는 컨센서스를 맞추느냐, 못 맞추느냐의 단계로 들어가고 있다.

결국 이 회사도 언젠가는 성장 기울기가 완만해질 수밖에 없다. 지금은 여전히 가파른 구간이지만, 성장률 둔화에 대한 예측이 나오기 시작하면, 언젠가는 가치주로 재평가될 가능성도 있다. 이건 자연스러운 과정이다.

언제 들어가고 언제 나와야 할까?

투자자 입장에서 중요한 질문은 이것이다.

"언제 들어가고, 언제 나와야 하는가?"

내 기준에서는 답이 분명하다. 답은 바로 2단계다. 기대만 난무하던 1단계를 지나서, 산업의 성장성은 확실해졌고, 다만 누가 여기서 진짜 승자가 될지는 아직 모르는 단계. 이 구간에서 '쭉정이'가 걸러지고, 구조가 보이기 시작한다. 그때가 가장 위험 대비 기회가 큰 구간이라고 본다.

삼성 혹은 LG 같은 회사가 뭘 한다는 이야기가 나오면 그 회사를 담아야 하나 고민하게 된다. 그러나 삼성이나 LG는 한 개의 사업만 하는 회사가 아니다. 여러 사업을 동시에 하고 있기 때문에 특정 산업이 성장하더라도 그 사업 비중이 크지 않으면 주가에 미치는 영향은 제한적이다. 그래서 결국 밸류체인상에서 해당 사업 비중이 높은 회사를 찾아야 한다.

ESS 산업도 같은 맥락이다. ESS 산업 자체는 원래 존재했다. 다만 최근 이슈가 된 이유가 있다. 미국 시장에서 중국 ESS 점유율이

90% 이상이었는데, 여기에 관세와 규제가 걸리면서 미국 내 생산이 필요해졌기 때문이다. 이 과정에서 우리나라 업체들이 대안으로 부각되었다. LG에너지솔루션은 이미 공장을 보유하고 있고, 삼성SDI 역시 향후 진입 가능성이 있다.

하지만 여기서 중요한 것은 LG에너지솔루션 자체가 아니라, LG에너지솔루션이 누구에게 얼마나 공급하느냐다. 미국에서는 테슬라에너지가 가장 크고, 그 외에도 ESS 사업자들이 다수 존재한다. 공급이 실제로 늘어나면 숫자가 잡힌다. 문제는 LG에너지솔루션의 전체 사업 중 ESS 비중이 아직 크지 않다는 점이다. 2026년 현재 기준으로는 전기차 배터리 사업이 훨씬 크기 때문에 ESS만으로 주가가 크게 움직이기는 어렵다.

그래서 ESS 사업 비중이 높은 회사를 밸류체인에서 찾아야 한다. 예를 들면 ESS 케이스를 만드는 회사나 배터리 모듈·부품을 공급하는 회사들이다. 다만 이런 회사들 역시 아직은 실적보다는 내러티브 단계에 가깝다. 실제 숫자가 나오기 전까지는 계속 추적이 필요하다.

중요한 것은 테슬라나 삼성, LG가 ESS에 얼마나 투자할지에 대한 계획을 지속적으로 팔로업하는 것이다. 생산 캐파가 늘어나는지, 공급 계약이 실제 물량으로 이어지는지를 계속 확인해야 한다. 이 과정이 바로 2단계에서 3단계로 넘어가는 지점이다.

개인적으로는 실적이 막 나오기 시작하는 초입을 발굴하는 것을 선호한다. 내가 소비재를 좋아하는 이유다. 소비재는 호흡이 길고, 실적이 본격적으로 찍히는 구간에서 이미 주가는 3~4배 올라와 있는 경우가 많다. 화장품도 그랬고, 피부미용 관련 종목들도 그랬다. 하지만 그 시점이 끝이 아니라 시작인 경우가 많았다.

나는 정보를 취득하는 속도는 빠른 편이 아니다. 전업 투자자 기준으로 보면 오히려 느린 편이다. 내가 알게 되면 이미 대부분이 알고 있는 정보다. 하지만 내 장점은 거기서 들어갈지 말지를 판단하는 능력이다.

이미 주가가 50%, 100% 오른 종목은 차트만 보면 들어가기 어렵다. 그러나 이게 산업의 초입이고, 숫자가 이제 막 나오기 시작한 단계라고 판단되면 그 이후를 본다. 이미 50%, 100% 올랐더라도 앞으로 3배 이상의 업사이드가 남아 있다면, 나는 그 뒤의 수익을 노린다.

중요한 것은 주가가 아니라, 지금 이 산업이 시작 단계인지 아닌지를 판단하는 것이다. 앞서 말한 1단계부터 5단계까지 중 어디에 와 있는지를 고민해보면 훨씬 나은 판단을 할 수 있다.

'떡상'하는 기업의 조건

내가 아는 기업에 플러스 알파가 붙는다면?

실패를 줄이려면 결국 경험이 필요하다. 그런데 경험을 쌓는다는 건 돈과 시간이 함께 들어가는 일이다. 투자를 한번 하면 자금을 묶어야 하고, 결과를 확인하려면 짧아도 몇 개월, 길면 1~2년이 걸린다. 성공하면 다행이지만 실패하면 수업료가 남고, 시간이 길어질수록 투자자는 지치기 쉽다.

그래서 내가 과거에 어떤 식으로 투자했고, 어떤 방식으로 아이디어를 만들었는지를 공유하는 간접 경험이 누군가에겐 큰 도움이 될 수 있다고 본다. 직접 돈을 내지 않고도 '실패의 냄새'와 '성공의 단서'를 먼저 엿볼 수 있기 때문이다.

개인적으로 2차전지에서 수익을 꽤 냈다. 물론 지금 생각해보면 더 빨리 들어갔으면 좋았겠지만, 폭스바겐 사태 이후 한 번 테마로 움직였다가 본격적으로 추세를 만든 시점은 2019년 전후라고 본다. 그때부터는 단순한 기대감이 아니라 산업의 방향성이 명확해지기 시작했다.

그 과정에서 가장 의미 있게 봤던 사례 중 하나가 SKC다. 이 투자가 의미 있었던 이유는, 단순히 2차전지 테마에 올라탄 것이 아니라 성장이 정체돼 있던 회사에 '플러스 알파'가 붙은 사례였기 때문이다. 이 플러스 알파로 인해 사업 구조와 이익 구조가 근본적으로 바뀔 수 있는 가능성이 열렸다.

이는 내가 늘 말하는 플러스 알파가 붙는 회사의 전형적인 예다. 방향성이 아예 바뀌거나, 기존 사업 위에 전혀 다른 성장 사업이 얹히는 경우다. 내가 가장 좋아하는 구조는 하방은 본업 가치로 막혀 있고, 상방은 새로운 사업으로 열려 있는 종목이다. 그 상방을 열어주는 요소가 바로 '플러스 알파'다.

플러스 알파는 여러 형태로 나타난다. 대표적으로는 신규 사업이나 신성장 사업이 있다. 그 외에도 기존 사업을 그대로 해외에 확장하는 경우, 신제품을 출시했는데 예상보다 훨씬 크게 히트하는 경우도 포함된다. 핵심은 기존 매출 위에 새로운 성장 엔진이 붙는가 여부다.

이 플러스 알파가 실제 실적으로 이어지기까지는 시간이 걸린다. 그래서 이게 단순한 이야기인지, 아니면 회사를 완전히 바꿀 수 있는 구조적 변화인지 계속 추적해야 한다. 사업보고서를 보고, 투자 계획을 확인하고, 실제 숫자가 어떻게 연결되는지를 꾸준히 관찰해야 한다.

이 회사가 정말로 턴어라운드할 수 있는 플러스 알파인지, 아니면 잠깐 반짝할 재료인지 구분하는 과정이 필요하다. 그런 과정을 거쳐 끝까지 추적했을 때, 큰 수익으로 이어지는 경우가 많다.

내 투자에서 가장 잘된 사례들을 돌아보면, 거의 다 이 플러스 알파에서 수익이 나왔다. SKC뿐만 아니라 대웅제약도 그랬고, JYP 역시 넓게 보면 플러스 알파의 사례에 해당한다. 이런 케이스는 상당히 많다. 여기서는 SKC의 사례를 정리해보려 한다.

본업이 하방을 받치고 신사업이 상방을 뚫는 구조

내가 SKC를 매수했던 시점은 2019년 6월쯤으로 기억한다. 원래부터 관심은 있던 기업이었지만, 실제로 투자를 결심하게 된 계기는 또렷하게 남아 있다. 다만 이는 과거 사례일 뿐 지금 사자는 이야기는 아니다.

제주도로 여행을 갔을 때의 일이다. 마지막 날이었고, 비가 오는 날이었다. 렌터카를 몰고 가던 중 차가 이상하게 흔들려서 길가에 세웠는데, 알고 보니 타이어가 펑크 난 상황이었다. 우산도 없고, 비는 내리고, 짜증이 잔뜩 난 상태로 차 안에서 렉카를 기다리고 있었다. 그때 카카오톡을 열었고, 온라인 스터디방에서 누군가 공시 하나를 올려둔 걸 보게 됐다.

내용은 'SKC, 전기차 배터리 핵심 소재 업체를 1조 2천억 원에 인수, 모빌리티 사업 가속화'라는 기사였다. 시간까지 또렷이 기억난다. 오후 12시 8분이었다. 당시 이미 2차전지 공부를 어느 정도 하고 있던 터라, 이건 꽤 의미 있는 뉴스라는 느낌이 바로 들었다. 이른바 촉이 왔다.

12시 14분쯤 "이거 호재 같은데요"라고 단톡방에 메시지를 남겼다. 실제로 시장도 반응하고 있었다. 뉴스가 나온 직후 주가는 장중에 10% 넘게 급등했다. 다만 종가는 +2.8% 정도로 마감했다. 위꼬리를 달고 내려온 형태였다. 당시 주가는 3만 5천 원 안팎이었던 것으로 기억한다.

그때 SKC는 좋은 회사이긴 했지만, 시장에서 크게 주목받는 종목은 아니었다. SK그룹 내에서 필름 사업을 중심으로 한 캐시카우 역할을 해왔던 회사다. 예전 세대에게는 비디오테이프 필름을 만들던 회사로 더 익숙할 것이다. 화학 베이스의 필름, 케미컬 사업을 주력으로 하고 있었고, 2019년 당시에는 화학 섹터 전반이 부진한 국면이었다. 실적도 정체돼 있었고, 밸류에이션도 PER 7~8배 수준에

머물러 있었다.

그래서 바로 크게 들어가지는 않았다. 공시를 보고 나서 가장 먼저 한 일은 '왜 이 회사를 인수했을까'를 따져보는 일이었다. 장중에 10% 넘게 올랐다가 다시 눌린 것도 오히려 차분히 볼 시간을 줬다. 우선 소량만 매수해두고, 본격적인 분석에 들어갔다.

SKC는 SK그룹 계열사다. 그리고 SK그룹은 인수합병에 강한 그룹이다. 1조 2천억 원이라는 적지 않은 금액을 투입했다는 점에서 단순한 재무적 투자는 아니라고 판단했다. 인수 대상은 당시 KCFT라는 이름의 회사였고, 핵심 사업은 동박이었다.

동박은 2차전지에서 매우 중요한 소재다. 배터리 셀 안에 들어가는 핵심 구성 요소 중 하나다. 공부를 해보니 이 인수가 우연이 아니라는 생각이 들었다.

첫째, SKC의 기존 사업과의 시너지 가능성이 있었다. SKC는 필름과 화학 베이스의 제조 경험이 풍부한 회사다. 2차전지 역시 전반적으로 화학 기반 산업이다. 양극재, 음극재, 전해질, 분리막 등 모두 화학적 공정 위에 올라가 있다. 동박 역시 마찬가지다.

둘째, 그룹 차원의 전략이 보였다. 당시 이미 SK이노베이션은 배터리 사업 진출을 선언한 상태였다. 배터리 셀을 만들기 위해서는 양극재, 음극재, 분리막, 전해질, 그리고 동박까지 모두 필요하다. 이 가운데 동박 회사를 계열로 편입한다는 것은 SK이노베이션이라는 확실한 수요처, 즉 캡티브 마켓을 확보한다는 의미였다.

이 구조는 상당히 매력적으로 보였다. 단순한 외부 판매가 아니라, 그룹 내부 수요가 뒷받침되는 사업 구조였다. 여기에 더해 SKC는 당시 반도체 소재, 디스플레이용 필름(CPI) 등 다양한 신사업 가능성도 함께 거론되던 시기였다. 모든 퍼즐이 하나의 방향을 가리키고 있다는 인상을 받았다.

이런 이유로 SKC는 내가 말하는 플러스 알파의 전형적인 사례라고 판단했다. 기존 본업은 하방을 받쳐주고, 신규 사업은 상방을 열어주는 구조였다. 그래서 이 회사는 단기 재료가 아니라, 시간을 두고 추적할 가치가 있는 종목이라고 결론을 내렸다.

회사의 멀티플이 재평가될 수 있는가?

기존 사업에 2차전지가 붙는 순간, 내가 먼저 떠올린 건 단순했다. 인수를 한다고 해서 내일, 혹은 한 달 안에 이익이 바로 재무제표에 찍히지는 않는다는 사실이다. 길게 잡아도 1년 안에 '눈에 보이는 숫자'로 증명되기는 어렵다.

주가는 결국 'EPS×밸류에이션'으로 움직인다. 그런데 여기서 EPS는 아무도 모른다. 회사도 모른다. 애널리스트도 정확히 모른다. 인수를 통해 매출이 얼마가 될지, 이익이 얼마가 될지, 어느 속도로 커질지 그 누구도 단정할 수 없다. 다만 '늘어날 것 같다'는 감각만 있을 뿐, 크기와 속도는 불확실하다.

그런데 투자자가 상대적으로 더 명확하게 가늠할 수 있는 게 하나 있다. 바로 멀티플, 즉 PER 배수다. 이게 핵심이다.

필름 중심의 화학 기업은 시장에서 대체로 PER 7~10배 정도를 받는다. 업황을 타고, 성장성이 제한되어 있다고 평가되기 때문이다. 하지만 2차전지 밸류체인으로 편입되는 순간 이야기가 달라진다. 그때 당시에도, 지금도 2차전지는 성장 산업으로 분류되며 시장이 30~40배까지 멀티플을 얹어주기도 한다.

즉 EPS가 아직 숫자로 확인되지 않아도, 시장의 시선이 바뀌는 순간 '밸류에이션 확장'이 먼저 일어난다. 이게 주가를 끌어올리는 첫 번째 엔진이다. EPS는 아직 흐릿한데, 멀티플이 바뀌면서 주가가 먼저 재평가되는 것이다.

개인 투자자들이 자주 빠지는 함정이 있다. "PER 10이 맞나요, 20이 맞나요?" 같은 질문에 매달리는 것이다. 사실 더 먼저 해야 할 질문은 따로 있다.

"이 호재가 붙었을 때, 이 회사의 멀티플이 업종 자체가 바뀌는 수준으로 재평가될 수 있는가?"

화학주로 보던 시장이 이 회사를 '2차전지'로 보기 시작하는 순간, 10배 멀티플은 말이 안 되는 숫자가 된다. "EPS는 아직 모르지만, 최소한 멀티플은 바뀔 수 있겠는데?"라는 확신이 생기면, 주가는 생각보다 빠르게 반응한다.

이게 바로 플러스 알파 투자의 요점이다. 플러스 알파는 단순히 사업이 하나 늘어나는 게 아니다. 비즈니스 모델이 바뀌고, 시장이 매기는 '평가의 언어'가 바뀌는 것이다. 그 순간 밸류에이션 확장이 일어난다. 그리고 그 확장이 투자자에게 수익을 안겨준다.

여기서 중요한 질문은 이것이었다.

"이 뉴스가 단기성 재료인가, 아니면 회사의 체질을 바꾸는 뉴스인가?"

나는 후자라고 봤다. 단순한 호재가 아니라, 화학회사에서 2차전지 소재 회사로 정체성이 이동하는 사건이었다. 이런 뉴스는 시간이 지날수록 더 많은 사람이 이해하게 되고, 애널리스트 리포트가 뒤따르며 수급이 붙는다.

실제로 공시 이후 리포트가 쏟아졌다. 사업 모델 변화, 동박 시장 성장성, 장기 공급 계약 가능성 같은 내용들이 연이어 나왔다. 이 과정에서 나는 분할 매수를 이어갔다. 단기 10~20% 수익을 노린 접근이 아니라, 멀티플 확장을 전제로 한 중장기 투자였다.

심리적으로도 부담이 없었다. 이미 주가가 일부 오른 상태였지만, 하방은 기존 화학 밸류에이션이 받쳐주고 있다고 봤다. 반면 상방은 2차전지 멀티플로 열려 있었다. 이른바 하방은 막혀 있고 상방은 열려 있는 구조였다.

이후 주가는 장기적으로 우상향했다. 중간에 코로나 같은 이례적인 조정도 있었지만, 성장 스토리가 훼손되지 않는 한 그런 하락은 오히려 기회로 보였다. 결국 중요한 것은 가격이 아니라 구조다.

밸류에이션이 확장할 것인가?

이 이야기를 과거 사례로만 볼 필요는 없다. 주식시장은 반복된다. 산업이 개화하는 초기에, 기존 사업 위에 플러스 알파가 붙으며 밸류에이션이 바뀌는 순간은 앞으로도 계속 나온다. 중요한 것은 '얼마에 샀느냐'가 아니라, '회사가 어떤 평가를 받는 단계로 이동하고 있느냐'를 읽어내는 능력이다.

인수합병 뉴스를 보면서 "이거 회사가 바뀌는 것 같은데"라는 느낌이 든다면, 그때가 바로 생각을 확장해야 할 시점이다. 가장 먼저 볼 것은 '왜 인수를 했는지'다. 단순히 인수를 했다는 사실이 아니라, 왜 이 회사를 이 시점에 인수했는지, 인수 이후 어떤 사업을 하려는지 방향성을 확인해야 한다. 만약 SK의 또 다른 계열사가 비슷한 인수합병을 했다면, 그 역시 같은 질문을 던져야 한다. 이 인수가 정말 해당 산업과 본질적으로 연결돼 있는지, 실제 매출과 공급으로 이어질 수 있는지 하나하나 따져봐야 한다.

그다음으로 가장 중요한 질문은 이것이다. 이 인수합병이 밸류에이션 확장을 일으킬 수 있는 사건인가? 과거 실적이 어떻고, 과거에 어떤 회사였는지는 부차적이다. 물론 과거가 중요하지 않다는 뜻은 아니다. 다만 주가는 과거가 아니라 앞으로 받을 평가로 움직인다. EPS는 당장 알 수 없다. 2년 뒤, 3년 뒤에야 숫자로 드러날 수도 있다. 하지만 지금 이 순간, 비즈니스 모델이 바뀌면서 멀티플을 다시 받을 수 있는 구조인지가 훨씬 중요하다.

이런 관점은 2차전지뿐만 아니라 미래에 어떤 기업에도 마찬가지로 적용할 수 있다. 올드한 사업을 하고 있던 기업이 신성장 사업을 위해 M&A를 한다면, 이때도 같은 질문을 해야 한다.

"왜 이 사업을 하려는가?"

"기존 사업이 하방을 막아주고 있는가?"

"현재 받는 밸류에이션이 너무 낮은 것은 아닌가?"

SKC가 과거 PBR 1배도 안 받다가 지금 3배, 4배를 받는 구조로 바뀐 것처럼, 이 회사도 그런 재평가가 가능한지 고민해야 한다.

이 흐름은 2차전지로 끝나지 않는다. AI, 로봇, 수소 등 다른 산업에서도 반복된다. 다만 아무 회사나 새로운 사업을 한다고 다 되는 것은 아니다. 기존 사업과의 시너지가 있어야 한다. 삼겹살집을 하던 회사가 갑자기 2차전지를 한다고 하면 신뢰하기 어렵다. 이마트가 수소 사업을 한다고 하면 왜 하는지부터 의심하게 된다. 이런 식으로 상식적인 연결이 되는지를 따져야 한다.

투자에서 경험은 매우 중요하다. 직접 경험이 아니더라도, 이런 사례를 통해 간접 경험을 쌓아두면 성공 확률이 올라간다. 성공 사례가 쌓일수록 타율이 높아진다. 쉽게 물리지 않는다. 그래서 매일 리포트를 읽고, 신문을 보고, 사업보고서를 보는 것이다. 세상을 다 돌아다닐 수 없으니 정보의 레버리지를 쓰는 것이다. 스터디를 하고, 사람을 만나고, 현업자의 이야기를 듣는 이유도 모두 여기에 있다. 투자는 운이 아니라, 반복된 사고의 결과다.

＼ 성장 둔화 이후에 찾아오는 기회 ／

F&F라는 회사를 처음 알게 된 것은 2016년으로, 스터디를 하면서 처음 접하게 됐다. F&F는 종합 패션 회사이긴 했지만, 그때만 해도 사실상 '디스커버리' 브랜드 하나에만 집중된 의류 회사였다

처음 투자를 고민하던 시점이 2016년 겨울이었던 것으로 기억한다. 그때 당시 생각을 글로 적어두었는데, 시간이 지나 다시 돌아보니 이런 기록이 정말 중요하다는 생각이 든다. 그 시점에 내가 무엇을 보고, 어떤 판단을 했는지를 다시 확인할 수 있기 때문이다. 그래서 기록을 해야 한다는 말을 반복해서 하는 것이다.

당시 겨울이 꽤 추웠고, 백화점에 외투를 하나 사러 갔었다. 요즘 말로 하면 아우터고, 예전 말로 하면 점퍼나 파카, 오리털 잠바다. 그때 백화점에서 디스커버리 매장을 보게 됐는데, 옷이 굉장히 눈에 들어왔다. 특히 '밀포드'라는 모델이 있었는데, 가격이 당시 기준으로 약 65만 원 정도였다.

그런데 매장에 갔더니 그 제품이 이미 다 품절이었다. F&F의 특징 중 하나가 사전 기획과 사전 생산이다. 미리 수요를 예측해 물량을 만들고, 그 물량만 소진하는 방식이라 재고 부담이 크지 않다. 밀포드는 워낙 인기가 많아서 출시되자마자 빠르게 소진됐던 것으로 기억한다.

더 인상적이었던 것은 중고 시장이었다. 중고나라를 찾아보니, 전년도에 출시된 밀포드라는 제품이 40만 원대 초반 가격에 거래되고 있었다. 새 제품은 65만 원이었는데, 시간이 지난 중고 제품이 그 가격에 거래된다는 것은 브랜드 파워와 가격 방어력이 상당하다는 의미였다. 이 지점에서 이 회사가 단순한 의류 회사는 아닐 수 있겠다는 생각이 들기 시작했다.

이 흐름을 주식으로 연결해보고 싶다는 생각이 들었고, 그렇게 F&F라는 종목을 본격적으로 들여다보기 시작했다. 이것이 첫 번째 투자 아이디어였다. 그때부터 F&F에 대해 공부를 시작했다.

당시 주가는 2만 원 안팎이었다. 스터디에서 이야기를 들을 무렵에는 그 가격대였지만, 실제로 내가 관심을 가질 즈음에는 이미 3만 원, 4만 원대로 올라와 있었다. 밀포드가 품절될 정도로 잘 팔린다는 사실은 이미 시장에 알려 져 있었고, 그래서 주가가 선행해서 올라간 상태였다. 그 시점에서는 선뜻 매수하기가 어려웠다.

이후 상황이 크게 바뀌었다. 디스커버리뿐 아니라 MLB 모자가 공전의 히트를 치기 시작했기 때문이다. 특히 SBS 예능 프로그램

〈런닝맨〉에 MLB 모자를 협찬하면서 중국에서 폭발적인 인기를 얻었고, 중국 내 인지도 상승과 함께 매출이 급증했다. 이 흐름을 타고 주가는 급등했고, 증권사 리포트들도 쏟아졌다. EPS 증가뿐 아니라 밸류에이션을 PER 20배 이상으로 제시하면서 목표주가가 계속 상향됐다.

그러다 2018년 하반기에 큰 조정이 왔다. 2018년 8월경 주가가 10만 원 근처까지 갔다가, 이듬해 1월까지 거의 수직으로 반토막이 났다. 성장주의 무서운 면이 그대로 드러난 시기였다. 성장주는 매출과 영업이익이 연 20~30% 이상으로 계속 성장해야 높은 밸류에이션이 유지된다. 그런데 2018년 3분기부터 성장률이 둔화되기 시작했고, 매출이 꺾일 수 있다는 전망이 나오면서 시장은 빠르게 반응했다.

실제 실적은 크게 나쁘지 않았다. 영업이익이 5~10% 정도 줄었을 뿐이다. 하지만 주가는 반토막이 났다. 이유는 단순하다. 밸류에이션 때문이다. 시장이 PER 20배를 주던 종목에 대해 성장 둔화를 이유로 PER 10배를 적용해버린 것이다. EPS는 비슷한데 멀티플이 절반으로 깎이니 주가도 그대로 무너진다. 돈은 여전히 벌고 있는데, 성장주로서의 프리미엄이 사라진 순간이었다.

그런데 이 회사의 주가는 다시 올라왔다. 이유는 다시 성장의 그림이 보였기 때문이다. 2019년 초, 중국 진출이 가시화됐다. 온라인 쇼핑몰 티몰에 직접 입점한다는 이야기, 중국 시장을 본격적으로 공락한다는 흐름이 나오면서 주가는 2019년 1월부터 5월까지 4만 원대에서 다시 8~9만 원대로 빠르게 회복됐다. 해외 확장성이 다시 플러스 알파로 붙은 것이다.

글로벌 확장성은 매우 중요한 요소다. 국내 시장은 1~2년이면 포화된다. 그러나 중국, 미국, 일본처럼 시장이 큰 지역에서 안착하면 매출은 여러 해에 걸쳐 증가하고, 그 기간 동안 시장은 높은 밸류에이션을 허용한다. 실제로 F&F가 중국에 간다는 신호는 곳곳에서 포착됐다. 나의 투자 단짝인 선진짱 님을 통해 중국 지사장 채용 공고를 확인했을 때 '이건 확실히 진행 중인 일이구나'라는 확신이 들었다.

그 시점에서 고민이 생긴다. 사야 하는가, 말아야 하는가. 중국 진출은 맞아 보이지만 주가는 더 빠질 수도 있다. 그래서 주가가 아니라 밸류에이션을 봤다. 주가가 4만 원일 때 PER은 약 10배였다. 돈을 잘 버는 회사가 이 정도 밸류에이션이면 하방은 어느 정도 막혀 있다고 판단했다. 만약 중국 진출 관련 공시나 뉴스가 나오면, 설령 단기적으로 물리더라도 회복은 빠를 것이라고 봤다. 물리면 더 살 수 있다는 계산이 섰다.

그래서 이 종목에 비교적 큰 비중으로 투자했다. 내가 가장 좋아하는 전형적인 케이스였다. 하방은 밸류에이션이 받쳐주고, 상방은 해외 확장성이라는 플러스 알파가 열려 있는 구조였다. 이 뉴스가 나왔을 때 시장이 좋아할지, 리포트가 쏟아질지까지 함께 그려봤고, 모두 긍정적인 그림이었다.

그러다 또 한번 골치 아픈 구간이 왔다. 2019년 주가가 30% 가까이 급락했다. 당시는 바로 미·중 무역 분쟁이 본격화되던 시기였다. 트럼프가 연일 강경 발언을 쏟아내던 때였고, 분위기는 살벌했다. 중국에서 애플 불매 이야기까지 나오던 상황이었다.

그 과정에서 엉뚱하게 F&F가 피해를 봤다. MLB 브랜드 때문이다. 미국 프로야구 리그 로고가 박힌 브랜드이니, 중국에서 불매운동이 일어날 수 있다는 이야기가 돌았다. 논리적으로 따져보면 말이 되지 않았다. 미국 기업도 아니고, 한국 기업이 중국에서 라이선스를 받아 판매하는 브랜드였다. 중국 정부가 굳이 이걸 막을 이유도 없었다. 하지만 주가는 빠졌다. 'MLB 불매'라는 말 한마디에 시장이 과도하게 반응한 것이다.

이럴 때 소비재 기업의 장점이 드러난다. 눈으로 확인할 수 있다는 점이다. 악재가 진짜인지 아닌지를 현장에서 직접 볼 수 있다. 그래서 실제로 면세점에 갔다. 그런데 막상 가보니 중국 보따리상들이 여전히 바글바글했다. 물건은 계속 팔려나가고 있었다. 불매운동이라는 말이 공허하게 느껴졌다. 그래서 그 구간에서 오히려 더 매수했다. 결과적으로 주가는 다시 회복했다.

이처럼 소비재 투자의 경우 숫자만 보는 것이 아니라, 실제 현장을 통해 확인할 수 있다. 한 번 보고 끝내는 것이 아니라, 같은 장소를 주기적으로 방문하면 변화가 보인다. 사람이 줄었는지, 늘었는지, 분위기가 달라졌는지를 체감할 수 있다. 이런 정보는 재무제표보다 빠를 때도 많다.

이후 코로나가 터졌다. 이때는 상황이 달랐다. 보따리상이 물리적으로 들어올 수 없었다. 혹시나 싶어 다시 면세점에 가봤지만, 중국 사람 자체가 거의 보이지 않았다. 이건 명확한 악재였다. 그래서 한동안 주가는 힘을 쓰지 못했다. 실제로 2020년 내내 주가는 8만 원대까지 밀린 뒤 횡보했다. 다만 티몰을 통한 온라인 판매 덕분에 회사가 완전히 무너지지는 않았다.

주가가 다시 움직이기 시작한 것은 2021년 이후다. 보따리상들이 격리를 감수하고 다시 들어오기 시작했고, 실제로 면세점 분위기도 달라졌다. 이번에 가보니 MLB뿐만 아니라 디스커버리 신발이 눈에 띄게 잘 팔리고 있었다. 디스럽터 모델로 보이는 신발을 대량으로 쌓아놓고 판매하고 있었고, 회전도 빨랐다. 브랜드의 저변이 넓어졌다는 느낌을 받았다.

2021년 주가가 기하급수적으로 상승한 결정적인 이유는 중국 오프라인 매장 수의 급증 때문이었다. 회사가 직접 모든 매장을 운영하는 방식이 아니라, 일부 핵심 지역에는 플래그십 매장을 두고 나머지는 현지 대리점 형태로 확장했다. 코로나로 보따리상의 유입이 막히자, 판매 채널을 중국 현지로 옮기는 전략을 택했고, 이것이 제대로 작동했다.

이런 정보는 여러 경로로 확인했다. 애널리스트 리포트에서 매장수 추정치를 확인했고, 주담과의 통화, 업계 관계자들의 이야기도 참고했다. 패션 섹터를 오래 팔로업한 애널리스트들은 이런 숫자를 비교적 자세히 다룬다. 그 흐름과 실제 실적이 맞아떨어지면서 주가는 다시 한 단계 위로 올라갔다.

소비재 기업은 악재로 주가가 민감하게 반응할 때, 뉴스만 보지 말고 직접 가서 보고 느끼면 판단이 선명해진다. 여전히 잘 팔리고 있다면 확신을 가질 수 있고, 정말 분위기가 꺾였다면 과감히 정리할 수 있다.

당시 주가가 9만 원에서 6만 원까지 급락했던 이유는 실적 때문이 아니라 공포 때문이었다. 미·중 무역 갈등이 터지면서 불매운동이 일어날 것 같다는 뉴스만 보고 아무 생각 없이 던진 사람이 너무 많았기 때문이다. 확인 없이 뉴스만 보고 움직였기 때문에 주가가 과도하게 빠진 것이다. 그래서 뉴스보다 내 눈을 믿으라고 말하고 싶다.

생활 속의 주식은 특별한 정보가 없어도 누구나 접근할 수 있다. 추적하고 관찰만 잘하면 충분한 수익을 낼 수 있다. 다만 해외, 특히 중국에서 벌어지는 일은 직접 눈으로 확인하기 어렵다. 이럴 때는 애널리스트 리포트나 회사 설명, 공식 자료를 통해 추정할 수밖에 없다.

마지막으로, 해외 확장성이 있는 소비재는 시간이 걸리지만 점점 퍼진다. 국내에서 잘 팔리던 브랜드가 해외에서 러브콜을 받고 진출을 요청받는 단계라면 반드시 눈여겨볼 필요가 있다. 의류든 음식이든 엔터든, 해외 확장이 시작되는 브랜드가 보인다면 그 기업을 면밀하게 관찰하는 습관을 가져야 한다.

종목 선정: 밸류체인의 관점에서 봐라

종목 선정은 누구에게나 늘 어려운 고민이다. 많은 사람이 종목을 보는 눈을 키우고 싶어 한다. 그래서 과거의 성공 사례와 최근의 투자 경험을 통해, 내가 어떤 식으로 투자 아이디어에 접근했는지를 정리해보려 한다.

2016년 애플이 아이폰에 OLED를 본격적으로 도입한다는 기사를 접했다. 애플이 OLED로 전환한다는 것은 단순한 제품 변경이 아니라 산업 구조 변화였다. OLED는 LCD보다 저전력이고 발열이 적어, 고사양 스마트폰 시대에 필연적인 선택이었다. 디스플레이는 스마트폰에서 가장 전력을 많이 소모하는 부품이기 때문에, 배터리 효율 측면에서도 OLED 전환은 명확한 방향성이었다.

OLED 생산은 사실상 삼성디스플레이가 독점하고 있었다. 그렇다면 디스플레이 다음 단계는 무엇인가를 봐야 했다. 디스플레이 안에 반드시 들어가는 핵심 부품이 RFPCB, FPCB였고, 이는 신호 전달과 전력 전달에 필수적인 부품이었다. 디스플레이만 바뀌는 구조였기 때문에, 수혜는 디스플레이 관련 핵심 부품사에 집중될 수밖에 없었다.

디스플레이에 반드시 들어가는 핵심 부품을 만드는 기업이 바로 인터플렉스와 비에이치였다. 나는 그중 인터플렉스를 매수했다. 2만 원에서 1만 4천 원까지 빠졌을 때 샀다. 포트폴리오의 약 70%를 실을 만큼 집중 투자했다. 그 후 주가는 단기간에 급등하면서 3~4개월 만에 약 80% 이상의 수익을 거뒀다. 이후 주가는 더 올랐다. 더 벌 수 있었겠지만 당시에는 경험이 부족했다.

목표가는 리포트가 나올 때마다 매출과 이익을 추정해서 스스로 계산했는데, 막상 팔고 나면 실적 추정이 계속 올라가면서 목표가도 계속 올라가는 경험을 하게 된다. 스스로 정한 목표가나 PER에 너무 갇혀도 안 된다는 깨달음도 이런 과정에서 나왔다.

그럼에도 불구하고 이 종목은 나의 투자 관점에 큰 변화를 준 사례다. 이 과정을 통해 밸류체인을 이해하는 것이 얼마나 중요한지 체감하게 됐다. 이전까지는 개별 기업 중심으로만 보던 투자에서 벗어나, 산업의 앞단 변화와 그로 인한 낙수 효과가 어디로 흐르는지를 보게 된 계기였다. 이후 5G 투자, 2차전지 투자에서도 같은 방식으로 접근했다. 통신사, 배터리 셀 기업, 그리고 그 아래에 있는 핵심 소재·부품 기업들을 밸류체인 관점에서 보게 됐다.

가장 앞단에서의 구조적 변화가 무엇인지 파악하는 것이 투자에서 가장 중요하다. 자동차 산업처럼 전체 산업 성장이 제한적인 분야에서도 전기차라는 구조적 변화가 나타났을 때, 수혜는 배터리라는 핵심 요소에 집중됐다. 기존 부품들은 거의 영향을 받지 않았다.

반도체도 마찬가지다. AI라는 앞단 변화에서 시작해, GPU, HBM, 패키징, 본딩 기술로 이어지는 밸류체인에서 핵심에 있는 기업들만 주가가 크게 움직였다. 나머지 레거시 영역은 거의 반응하지 않았다.

인터플렉스는 OLED 전환이라는 구조적 변화 덕분에 매출과 이익이 증가하고, 글로벌 확장이라는 트리거가 걸린 사례다. 여기서 중요한 투자 아이디어는 글로벌 확장성이었다. 특히 한국 시장에서 성장주는 반드시 해외 확장성, 글로벌 확장성이 나와야 한다. 내수 시장은 크기가 작고 트렌드 변화도 빠르기 때문에 성장의 지속성이 제한적이다. 반면 글로벌 시장을 상대로 하는 기업은 성장의 폭과 기간이 완전히 다르다. 애플, 아마존, 구글처럼 압도적인 글로벌 기업을 고객으로 둔 밸류체인 기업은 매출 성장 속도와 규모가 다를 수밖에 없다.

산업의 크기 역시 중요하다. 애플 아이폰 시장은 단일 제품을 넘어 아이패드, 맥북까지 확장되는 거대한 시장이다. 시장이 크면 성장의 기울기, 성장의 폭, 성장 기간까지 어느 정도 가늠할 수 있다.

결국 투자에서 중요한 것은 새로운 기술이나 서비스가 왜 필요한지, 누가 쓰는지, 누가 만드는지다. 그리고 그 변화가 산업 구조를 바꾸는지, 아니면 단순한 테마에 그치는지를 구분하는 것이다.

이런 흐름은 생각보다 그리 어려운 일이 아니다. 해외 기업과 글로벌 산업 뉴스에서 큰 변화의 방향을 먼저 살펴라. 그다음 국내 기업 중 누가 그 밸류체인에 있는지를 찾아보는 것이다. 다소 늦게 올라타더라도 시장이 크고 구조적 변화라면 충분한 수익 기회는 남아 있다고 본다.

시장이 꺾일 때가 기회다

종목을 고르는 것만큼이나 '언제 사느냐'가 중요하다. 좋은 기업도 계속 잘 가다가 시장이 한번 부러지거나, 개별 이슈가 터질 때 주가가 꺾인다. 이때 매수를 할 것인지는 3가지를 보고 판단할 수 있다.

1. 투자 아이디어가 살아 있는가?

핵심은 단순히 주가가 빠졌다는 사실이 아니라, 투자 아이디어가 살아 있느냐를 보는 것이다. 시장이 무너져도 산업 트렌드가 그대로 가고 있는지, 기업의 성장 논리가 그대로 유효한지, 그 뿌리가 흔들리지 않았는지가 중요하다.

인터플렉스는 2016년 6월부터 8월까지 주가가 6천 원에서 2만 원까지 단숨에 3배 올랐다. 그런데도 11월에는 2만 원에서 1만 4천 원대로 약 30% 빠졌다. 코스닥 시장 자체가 크게 흔들렸다. 당시 코스닥이 20%가량 빠지면서 종목도 같이 빠진 것이다.

그런데 나는 이때 '시장이 빠졌다고 해서 아이디어가 바뀌었나?'를 봤다. 애플의 OLED 전환은 명확했고, 시장이 흔들리는 것과는 별개라고 판단했다. 그래서 1만 4,200원 부근에서 매수했다. 단기적으로 이미 3배 오른 종목을 다시 사는 데는 용기가 필요하다. 하지만 그 용기는 '가격'이 아니라 '논리'에서 나온다. 트렌드가 살아 있고, 성장성이 아직 발현되는 구간이라면 시장 급락은 오히려 싸게 살 수 있는 기회가 된다.

이후 양극재 같은 전기차 투자에서도 이를 비슷하게 적용했다. '시장이 부러질 때가 절호의 기회'라는 관점이다. 평상시에는 좋은 기업일수록 비싸게 느껴진다. 그런데 유일하게 싼 순간이 시장이 부러졌을 때다. 바겐세일 같은 타이밍은 늘 온다.

좋은 기업을 적당한 가격에 사는 것이 최고라는 말처럼, 시장이 꺾일 때 분할 매수로 들어가는 전략이 현실적이다. 한 번에 '몰빵'이 아니라, 빠질 때마다 조금씩 분할로 들어가는 방식이 더 낫다.

2. 시장의 오해로 만들어진 단기 악재인가?

두 번째는 개별 기업에 대한 '오해'나 '악재'로 단기 급락이 나왔을 때다. 해결 가능한 악재임에도 시장이 과민 반응하면 좋은 기업을 싸게 잡는 기회가 된다.

앞서 이야기한 F&F가 그런 케이스였다. 과거 디스커버리 국내 확장으로 주가가 10만 원까지 갔다가 성장성이 끝났다는 평가로 4만 원까지 빠졌다. 이후 MLB 모자의 중국 판매, 티몰 진출 같은 중국 확장성으로 다시 투자 아이디어가 생겼고, 티몰 진출 기대가 나오자 주가가 7만 원까지 튀었다.

그런데 미·중 무역전쟁 국면에서 중국 불매운동이 나올 것이라는 공포가 번지면서 사람들이 던졌다. MLB가 미국 메이저리그 상표라서 타격이 있을 것이라는 논리였다.

나는 다르게 봤다. MLB가 미국 상표이긴 하지만, 제조사는 한국이고, 중국 내 유통망은 현지화 구조였기 때문에 중국 정부에서 효과도 없는 정책을 내지는 않을 것이라고 생각했다. 그래도 실제 현장 확인을 통한 확신이 필요했기에 중국인이 많이 오는 면세점에 직접 방문했다.

MLB는 당시 면세점에서 보따리상이 많이 사가던 구조였다. 그래서 주가가 7만 5천 원에서 6만 원 아래로 20% 이상 빠졌을 때 롯데백화점 본점 면세점에 직접 갔다. 사람들이 바글바글했고, 판매 흐름이 꺾이지 않았다고 판단해 그 자리에서 더 샀다. 이후 주가는 다시 10만 원까지 간 것으로 기억한다.

이 경우의 핵심은 악재 자체보다, 그 악재에 대한 시장의 해석이 과도했는지를 구분하는 것이다.

3. 회복 가능한 악재인가?

세 번째는 회복 가능한 악재가 나왔을 때다. 에코프로가 성장 흐름을 타다가 청주 공장 화재 이슈로 주가가 털썩 주저앉은 적이 있다. 나는 예전에 탐방을 갔던 기억이 있어 청주가 메인 공장이 아니라는 점을 알고 있었다. 메인 공장은 포항에 있었고, 기사에는 휴게실에서 난 화재라는 내용도 있었다. 그러면 포항에서 커버 가능하다고 판단했고, 주가가 6만 원까지 빠졌을 때가 기회라고 봤다.

키움증권 사례도 비슷한 구조다. CFD, 라덕연 사건으로 관련 종목들이 하한가를 가면서 레버리지 상품 특성상 투자자가 빚을 못 갚는 상황이 발생했고, 증권사 손실이 몇백억 날 것이라는 보도가 나오며 키움증권 주가가 단기 급락했다. 나는 이 손실이 '올해'의 일시적 충격일 수는 있지만, 비즈니스 모델 자체가 무너진 것은 아니고, 내년에 정상화되면 회복될 수 있는 이슈라고 봤다. 펀더멘털이 튼튼한 금융사 특성상 회사가 대응도 할 것이라고 생각했다.

실제로 6만 원을 찍고 2~3개월의 부침은 있었지만 9만 원대까지 원복됐고, 이후 주주환원 등 대응이 나오며 14만 원, 15만 원까지 갔다. 이런 기회는 결국 사전에 BM과 회사 구조를 이해하고 있어야 잡을 수 있다.

악재를 볼 때의 핵심은 이것이 해결 가능한 문제인지, 1년 후에는 해결될 수 있는지 여부다. 원래 하던 사업에 큰 문제가 없으면 숫자는 결국 회복된다. 그때 밸류에이션을 보게 된다. 예를 들면 원래

천억을 벌던 회사가 일회성 이슈로 500억밖에 못 벌어 PER이 왜곡돼 보일 수 있다. 그런데 내년에 정상화돼 다시 천억을 번다면, 지금 주가가 30~40% 빠져 있을 때는 "정상화 기준으로 너무 싼 것 아닌가?"라는 질문이 가능해진다. 위기에서 기회를 찾는 재미가 여기에 있다.

에코프로는 또 다른 형태의 일시적 악재도 있었다. 이동채 회장 이슈로 시장에서 '삼성SDI나 SK가 물량을 안 줄 것' 같은 소문이 돌았다. 하지만 전기차 밸류체인에서 대체가 불가능한 수준의 물량과 캐파가 이미 돌아가고 있는 상황에서, 오너 이슈 하나로 공급 계약이 갑자기 깨질 가능성은 낮다고 봤다. 나는 '그러면 회장만 내려오면 되는 문제'라고 단순화해서 생각했다. 실제로 사과하고 물러났고, 이후 법정구속과 출소 같은 일도 있었다. 어쨌든 당시 관점에서는 회사 펀더멘털과는 분리해서 볼 수 있는 사건이라고 판단했고, 그때도 기회가 왔다고 기억한다.

결국 기업 펀더멘털에 문제가 없으면 일시적 사건으로 보는 게 맞다는 결론으로 이어진다.

이런 방식은 역발상 투자와 결이 닿아 있다. 위기 속에서 기회를 찾는 방법이다. 다만 조건이 있다. 먼저 비즈니스 구조가 탄탄한 회사여야 한다. 그리고 주가가 빠지는 원인이 무엇인지 원인 하나에 집중해야 한다.

처음에는 소액으로 경험하는 것이 좋다. 몇십만 원, 100만 원 수준으로 사보며 심리 변화를 느껴보고, 기록을 남기자. 2~3번 겪으면 다음부터는 비슷한 사건이 왔을 때 조금 더 용기를 낼 수 있다. 다만 '누가 이렇게 했으니 나도 똑같이 몰빵한다'는 식으로 따라 하면 안 된다. 수업료를 내는 시험처럼 작게 경험을 쌓아야 한다. 주식 투자를 오래 하다 보면 이런 사건은 1년에 1~2번씩은 나오고, 그때마다 투자 아이디어가 될 수 있다고 본다.

투자 실패에서 배운 것: 손절의 중요성

기다림이 손실이 되는 순간

투자에서 실패는 피해야 할 흠이 아니라, 기준이 만들어지는 과정이라고 생각한다. 수익은 운과 타이밍의 영향도 크지만, 실패는 거의 언제나 이유를 남긴다. 그 이유를 외면하지 않고 들여다볼 때, 다음 선택의 밀도가 달라진다.

지금부터 내가 겪은 실패 사례들을 통해 느낀 점들을 이야기하려 한다. 이 이야기가 정답을 제시하지는 못하겠지만, 적어도 같은 함정에 빠지지 않기 위한 기준은 남길 수 있을 것이다.

내가 실패했던 사례 중 가장 기억에 남는 종목은 앞에서도 언급한 서부T&D다. 이 종목은 자산주 투자의 함정을 가장 선명하게 보여준 경험이었다.

서부T&D는 인천 연수구, 용산, 신정동에 트럭 터미널 부지 세 곳을 보유하고 있었다. 트럭 터미널은 서울 도심에서 경관·혐오시설로 인식되기 쉬운 시설이었고, 시대 변화 속에서 기존 사업만으로는 확장성이 크지 않은 상황이었다. 회사는 '땅을 그대로 둘 수 없으니 개발을 통해 가치를 전환하겠다'는 방향으로 사업을 추진했다.

첫 번째 시도는 성공적이었다. 인천 연수구 부지를 쇼핑몰로 개발해 연간 약 200억 원 수준의 임대료를 받으며 안정적인 현금흐름을 만들었다. 이 경험을 바탕으로 두 번째 개발인 용산 부지로 이어졌고, 이곳은 드래곤시티 호텔 단지로 완성됐다. 일부 자산은 리츠에 현물출자하거나 지분을 양도하며 성과를 정리했다.

문제는 마지막 신정동 부지였다. 면적이 가장 컸고, 주변에 아파트 단지가 인접해 있었으며, 교통 요지라는 장점까지 갖고 있었다. 시장에서는 공시지가와 평가 가치를 3천억~5천억 원으로 봤고, 개발이 이루어지면 1조 원 이상도 가능하다는 기대가 형성됐다. 리포트 역시 비슷한 논리를 반복했다. 당시 나의 투자 아이디어도 단순했다.

'신정동 하나만 보더라도 시가총액 5~6천억 원은 너무 싼 것 아닌가.'

이 판단으로 2만 400원 근처에서 매수했고, 주가는 실제로 잘 움직였다. 한때 수익률은 약 40%까지 올라갔고, 비중은 자산의 70%를 넘을 정도로 커졌다.

전환점은 신정동 부지가 복합물류센터 단지로 '선정'됐을 때였다. 컨벤션 센터와 지하 물류시설을 포함한 개발안이 확정됐지만, 주가는 그 시점부터 오히려 하락하기 시작했다. 결국 큰 이익을 실현하지 못하고 거의 본전 수준에서 정리했다.

이 실패의 본질은 개발이 늦어졌다는 데 있지 않았다. 자산주 투자의 구조적 한계를 제대로 보지 못한 데 있었다.

자산주는 가능성이 커 보일수록 싼 것이 아니라, 시간이 길어질수록 할인율이 커진다. '1조가 될 수 있다'는 숫자는 미래의 이야기일 뿐이다. 시장은 그 시점이 뒤로 밀릴수록 멀티플을 깎는다. 성장주에서 PER이 깎이듯, 자산주에서는 '개발 가시성 프리미엄'이 사라진다.

또 하나의 문제는 가치가 실적으로 연결되는 경로였다. 신정동 부지의 가치가 기업 가치로 이어지려면, 개발이 회사의 숫자로 들어오는 구조가 명확해야 했다. 하지만 부동산 개발은 인허가, 이해관계자, 도시계획, 경기, 금융 환경 등 외생 변수가 너무 많다. '선정'은 출발선일 뿐, 돈이 들어오는 결승선이 아니다. 시장이 기대한 것은 선정 이후 빠른 착공과 수익 실현이었지만, 그 리듬이 늘어지자 주가는 먼저 지쳐버렸다.

결국 이 투자에서 가장 크게 간과한 것은 '가치'가 아니라 '시간'

이었다. 가치가 실현되기까지 걸리는 시간을 과소평가했다. 여기에 비중이 과도하게 컸던 점도 판단을 더 흐리게 만들었다. 비중이 70%를 넘으면 투자는 분석이 아니라 '옳음을 증명해야 하는 싸움'이 된다. 주가가 꺾이기 시작하면 판단은 늦어지고, '조금만 더'라는 생각이 반복된다.

이는 부동산 개발 투자와도 닮아 있다. 부동산이 싸 보이는 이유는 하자가 아니라 '시간'인 경우가 많다. 시간이 길어질수록 자본의 기회비용은 커지고, 겉으로는 큰 자산을 보유한 것처럼 보여도 실제로는 돈이 묶인다. 땅이 금고라면, 그 열쇠는 투자자가 아니라 인허가와 사이클이 쥐고 있다.

이후 나의 기준은 분명해졌다.

첫째, 손절은 실력이 아니라 생존 조건이다.

둘째, 내가 확신하고 있는 걸 시장이 틀렸다고 증명해줄 의무는 없다.

셋째, 자산주는 '얼마짜리 땅인가'보다 '언제, 어떻게 주주에게 돈이 들어오는가'를 먼저 봐야 한다.

그래서 이후로는 자산주 투자를 거의 하지 않는다. 실제로 현금을 벌어 배당이나 자사주 매입으로 주주에게 환원하는 구조가 아니라면, 회사 자산 가치가 아무리 커도 의미 없다고 판단한다. 이 생각은 방림, BYC 같은 과거 사례를 떠올리며 더 굳어졌다. 부동산 자산을 많이 보유한 기업 중에는, 오너가 회사 자산과 주주 가치를 분리해서 인식하는 경우가 적지 않다. '이건 내 회사고 내 재산'이라는 태도가 강한 구조에서는 소액주주가 설 자리가 좁다.

피터 린치의 자산주 개념을 다시 찾아보니 답은 이미 거기에 있었다. 자산주는 그 가치가 시장에서 드러나기 전에 사서, 충분히 평가받았을 때 나오는 게 맞다. 돌이켜보면, 나는 그 '나오는 타이밍'을 놓쳤다.

'반반 게임'은 하지 않는다

두 번째 실패 사례는 한국항공우주였다. 이 회사 자체가 나쁜 회사는 아니었다. 전투기와 훈련기를 만드는, 기술력도 있고 국가 산업 측면에서도 의미가 있는 기업이었다.

문제는 투자 방식이었다. 당시가 2017~2018년쯤이었는데, 미국 공군 고등훈련기 사업 수주 이슈가 시장에 돌고 있었다. T-50 계열을 보유한 회사였고, 수주 규모도 조 단위로 거론되다 보니 '되면 대박, 안 되면 쪽박'에 가까운 반반 게임이었다.

소문과 기사 분위기는 전반적으로 긍정적이었고, 주가도 이미 단기적으로 40~50% 올라와 있었다. 고민하다가 결국 매수했고, 여러 루트로 나름 확인을 했지만 본질적으로는 '수주 여부'라는 단일 이벤트에 베팅한 투자였다.

결과는 실패였다. 결과 발표가 주말에 나왔고, 탈락 소식이 전해졌다. 장이 열리지 않는 상태에서 손을 쓸 수 없었고, 월요일 시초가부터 마이너스 20%로 출발했다. 그날 바로 시초가에 정리했다.

그때 느낀 건 명확했다. 이런 유형의 투자는 다시는 하지 말아야겠다는 다짐이었다. 수주를 받으면 크게 오르고, 못 받으면 크게 깨지는 구조는 투자자가 통제할 수 있는 영역이 거의 없다. 이건 기업 분석의 문제가 아니라 확률 게임이었다.

이 경험 이후로 반반 게임에 대한 기준이 생겼다. 해외 진출처럼 시간이 지나면서 관찰하고 검증할 수 있는 내러티브와 달리, 수주·임상·승인 같은 이벤트는 성공과 실패가 단번에 갈린다. 특히 B2B 기업의 대형 수주, 과거 바이오 신약 3상 같은 이벤트는 주가가 결과 전에 이미 기대를 반영하고, 결과가 나오는 순간에는 성공해도 빠지고 실패하면 크게 무너진다. 굳이 그런 확률에 베팅할 이유가 없다는 결론에 이르렀다.

타이밍을 놓친 대가

세 번째 실패 사례는 엔씨소프트였다. 게임주 투자 경험도 많았고, 당시에는 자신감도 붙어 있었다. 주가가 100만 원대에서 55만 원 수준까지 빠진 상황에서 '리니지 W' 글로벌 출시 이후의 실적 반등을 기대하고 들어갔다. 이미 게임은 출시된 상태였지만, 서버 증설 소식, 이용자 증가, 게이머들의 반응 등을 종합해보면 매출이 더 늘어날 것처럼 보였다. 언론 보도와 현장 분위기도 나쁘지 않았다.

그러다 중간에 이상한 장면이 나왔다. 시가총액이 큰 종목이 상한가를 기록했다. 이유는 리니지 W 관련 컨퍼런스콜이었다. 회사는 "너무 잘되고 있다", "서버를 계속 늘리고 있다"고 설명했고, 여기에 메타버스 이야기까지 덧붙었다. 그날 주가는 상한가를 기록했고, 계좌 자산도 하루 만에 크게 불어났다. 나중에야 알게 됐지만, 그 급등은 오스템임플란트 횡령 사건의 당사자가 레버리지까지 써서 매수한 결과였다. 당시에는 그런 사정을 알 수 없었고, 시장도 오르는 데는 이유가 있을 거라 생각했다.

문제는 그다음이었다. 상한가 이후 주가는 서서히, 그러나 꾸준히 빠지기 시작했다. 실적 발표를 기다려야 하나 고민했지만, 결국 마이너스 15% 선에서 손절했다. 나중에 실적을 보니 매출은 늘었지만 영업이익이 크게 깨져 있었다. 마케팅 비용과 각종 비용이 급증했고, 게임 매출의 특성상 초반 피크 이후 빠르게 안정기로 접어든 상황이었다.

사실 이건 알고 있던 패턴이었다. 게임주는 신작 기대감이 가장 클 때 주가가 움직이고, 출시 이후에는 초반 1~2개월에 매출과 이용자가 정점을 찍은 뒤 점점 안정기로 내려온다. 시장이 좋아하는 건 절대적인 숫자가 아니라 성장의 기울기다. 아무리 매출이 늘어도 기울기가 꺾이면 주가는 움직이지 않는다. 이걸 알면서도 '이번에는 숫자를 보겠다'고 판단한 게 실수였다. 숫자가 나올 때는 이미 늦었다.

돌이켜보면, 엔씨소프트는 그때 손절하지 않았으면 훨씬 큰 손실로 이어졌을 것이다. 이후 주가는 50만 원대에서 20만 원 안팎까지 내려왔다. 손절은 아팠지만, 생존을 지켜준 선택이었다.

이 3가지 실패 사례에서 공통적으로 남은 교훈은 분명하다. 그건 바로 '손절의 중요성'이다. 투자 아이디어가 망가졌을 때, 혹은 내가 통제할 수 없는 영역이라는 판단이 들었을 때는 미련 없이 나오는 게 맞다. 두 번째는 모르는 것은 하지 말아야 한다는 점이다. 판단이 안 되는 영역, 남의 말에 의존해야 하는 영역은 결국 위험하다.

그리고 실패는 반드시 기록해야 한다. 성공 사례만 기록하면 착각이 쌓이고, 실패 사례를 기록하면 기준이 쌓인다. 충분한 공부와 명확한 투자 아이디어를 가지고 들어갔는데 실패했다면, 그 실패에는 반드시 남는 게 있다. 왜 들어갔는지, 무엇이 트리거였는지, 언제 아이디어가 깨졌는지, 그때 어떻게 대응했는지를 정리해두면 다음 투자에서 같은 실수를 반복하지 않게 된다.

투자는 평생 이어지는 일이다. 한 번 당하는 건 실수일 수 있지만, 같은 유형으로 두 번 당하면 그건 학습이 없는 투자다. 실패를 케이스로 축적하고, 안 해야 할 투자의 유형을 하나씩 지워가는 과정

자체가 장기적으로 가장 강력한 자산이 된다.

언제, 어떤 기준으로 손절할 것인가?

"제가 산 종목의 주가가 떨어지는 걸 버티다 보니 손실이 아주 커졌습니다. 손절하기 늦은 건지, 지금이라도 손절해야 하는 건지 고민입니다."

손절할 타이밍을 잡지 못해 비자발적 장기 투자자가 되는 사람이 많다. 투자 경험이 부족할수록 이익이 난 것은 빨리 매도하고, 손실 난 것은 그대로 들고 가는 경우가 많다. 이를 '처분효과'라고 한다. 처분효과란 주식 투자자들이 흔히 갖는 심리적 오류로, '이익이 난 주식은 너무 빨리 팔고, 손실이 난 주식은 너무 오래 들고 있는 경향'이다.

이런 사람들은 "마이너스가 너무 커서 못 팔겠어요"라고 하거나, 평단가를 낮추기 위해 물타기를 하거나, '언젠가는 오를 것'이라는 막연한 믿음을 가진다. 대부분 원칙이나 실적에 대한 분석, 투자 아이디어가 없다. 오로지 '본전' 심리만 있을 뿐이다.

일각에서는 '손실 몇 퍼센트가 되면 기계적으로 손절하라'고 말한다. 실제 기관들이 많이 쓰는 로스컷(loss-cut, 손절매) 기준처럼 하는 건데, 그렇게 해도 된다. 손실을 회피하지 말고, 원칙을 정해서 손절함으로써 손실을 줄일 수 있다면 그렇게 해야 한다.

나도 손절을 두려워하지 않았을 때부터 잘됐던 것으로 기억한다. 개별 기업 종목의 수익률보다 전체 계좌 수익률이 더 중요하므로 손절은 필요하다고 생각한다. 다만, 무의미한 손절을 하는 게 아니라 종합적으로 판단해서 결정한다. 나의 손절 기준은 '내 심리'와 '투자 비중'이다.

매수했는데 주가가 빠졌을 때 더 살 수 있는지가 중요하다. 주가가 빠졌는데 심리가 더 흔들린다면 손절을 심각하게 고민한다. 매수하기 전에는 확신이 있었을지 몰라도, 실제로 매수한 다음의 심리는 또 다르다. 가격적인 측면에서 벌써 흔들린다면 그건 '그냥 좋아 보여서' 산 것일 수도 있다. 반대로 가격이 빠졌는데도 버틸 수 있는 심리적인 무엇인가가 있다면 손절하지 않는다.

가장 힘든 것은 투자 비중이 매우 높은 종목에서 이런 상황이 벌어졌을 때다. 그만큼 심리가 많이 흔들리기 때문이다. 생각해보라. 1억 원을 투자해서 5% 손실을 봤을 때와 100만 원 투자해서 같은 5% 손실을 봤을 때, 우리 마음은 전혀 다르다.

투자 비중이 낮을 때(나의 경우 5% 미만일 때)는 ① 편하게 기다리거나 ② 우선 비중을 줄이고 다시 들어가거나 ③ 추가 매수하거나, 하는 식의 판단이 비교적 명확해진다. 그런데 투자 비중이 높으면 셋 다 하기 힘들어진다. 편하게 들고 갈 수 없을 정도로 비중이 높아진 상태이고, 비중을 줄일 수 없을 정도로 손실 금액이 커졌거나 추가 매수할 여력이 없어지기 때문이다.

이 경우에는 심리적으로 타격이 크다. '내 생각이 틀렸지 않았을까' 하는 마음이 드는 순간, 이미 지는 게임을 하고 있는 것이다.

이때 믿을 것은 결국 투자 아이디어밖에 없다. 내가 이 종목을 왜 샀는지, 그 투자 아이디어가 틀린 것인지, 맞는다면 얼마나 기다려야 하는지 생각해봐야 한다.

그럼에도 마음이 힘들다면, 결국 투자 아이디어의 문제가 아니라 투자 비중의 문제가 아닐까. 투자 아이디어는 좋으나 투자 비중이 과했기 때문에 힘든 것 아니겠는가. 그렇다면 투자 비중을 낮추는 게 답이라는 생각이다.

이 정도 가격이면 매수해도 될 것 같았는데, 막상 가격이 빠지니 추매할 자신이 없다? 더 좋은 종목이 보이거나, 투자 아이디어가 발현되어도 시장이 알아주지 않는다? 이때는 과감하게 로스컷을 한다.

손절은 힘들다. 나도 마찬가지다. 이때 중요한 건 멘탈 관리다.

"다음에 또 좋은 아이디어로 수익 내면 되지. 할 수 있어. 여태껏 잘해왔잖아."

스스로를 다독이고, 그래도 힘들면 과거 수익률이나 수익금을 살펴본다.

"과거에도 이런 경우가 있었지만 결국에는 다 지나가는 언덕이었더라."

이렇게 생각하며 멘탈을 부여잡아야 한다.

가장 하지 말아야 할 일은 서두르는 것이다. 내가 항상 하는 말이 있다.

"시장은 당신이 얼마나 손실이 났는지 모른다. 어제 손실을 냈는지 수익을 냈는지 시장은 관심이 없다. 그러므로 A라는 종목에서 손실 난 걸 B 종목에서 복구해야겠다는 건 당신의 막연한 희망이자 플랜일 뿐이다."

큰 손실이 날수록 그다음 종목은 더 신중하게 선택하고 비중도 낮춰야 한다. 차라리 좀 쉬는 게 나을 수도 있다. 넘어졌다고 서두르면 발목을 삔 수준을 넘어 부러지는 경우가 많다.

만약에 정말 좋은 종목을 발견했다면, 나의 경우 손실이든 이익이든 모든 종목을 정리하고 그쪽으로 집중 투자를 한다. 단순히 손실을 만회하겠다는 심리가 아니다. 그 종목을 내가 잘 알고 투자 아이디어가 명확해서 승률이 매우 높다고 판단했을 때 그렇게 하는 것이다.

다만 제아무리 좋은 아이디어라고 할지라도 내가 틀릴 수 있음을 언제나 명심해야 한다. 자기 그릇(손실 감당한 투자금, 손실금)의 크기를 파악하고 내 능력이 부족하다는 걸 인정해야 한다. 즉 메타인지 능력을 키워야 한다. 특히 투자 경험이 적을수록 실패 확률이 높으므로 집중 투자는 신중해야 한다. 한 종목으로 인해 인생이 망가질 수도 있다.

기회는 일상에서, 매수는 준비에서

생활 속에 투자 아이디어가 있다

피터 린치의 《전설로 떠나는 월가의 영웅》에는 "아마추어 투자자가 오히려 유리하다"라는 메시지가 나온다. 그리고 책에는 여러 사례가 등장한다.

한 예로 남편은 복잡한 IT 기술을 가진 회사를 골라 투자했지만 성과는 좋지 않았다. 반면 아내는 백화점과 쇼핑몰을 다니며 사람들이 몰리고 가격 경쟁력이 뛰어난 매장을 눈여겨봤는데, 시간이 지나자 그 기업이 크게 성장했다는 이야기다.

그 외에도 여러 사례가 나온다. 여성 스타킹을 매대 판매 방식으로 대히트를 쳤던 레그스(Legs) 이야기, 던킨도너츠나 자동차 회사, 멕시코 음식 체인 같은 일상에서 쉽게 접할 수 있는 기업에 투자해 큰 성과를 낸 경험담도 등장한다. 특히 가족의 취향, 아이들이 좋아하는 음식이나 장난감 같은 생활 속 단서가 투자 아이디어로 이어졌다는 점이 공통적이다.

이런 내용을 읽으면서 나 역시 시선을 의식적으로 주변으로 돌리기 시작했다. 내가 좋아하는 것, 아내가 좋아하는 것, 아이가 집착하듯 좋아하는 것, 주변 사람들이 갖고 싶어 하고 기꺼이 돈을 쓰는 대상이 무엇인지 계속 관찰했다. 그렇게 생활 속에서 반복적으로 선택받는 제품과 브랜드를 투자 아이디어로 연결하려고 노력했다.

물론 국내 소비재 기업은 시장 자체가 작기 때문에 폭발적인 성장을 기대하기는 쉽지 않다. 그럼에도 불구하고 이런 방식으로 접근했을 때, 적어도 1년에 한 번 정도는 의미 있는 기회를 발견할 수 있었다. 생활 속의 관찰이 곧 투자 아이디어가 될 수 있다는 점은 지금도 여전히 유효하다고 본다.

삼양식품의 불닭볶음면처럼 일상에서 체감되는 히트 상품도 있고, 과거 크라운제과의 허니버터칩처럼 사회적 현상이 된 사례도 있다. 허니버터칩을 사러 줄을 서는 대신, 그 회사의 주식을 떠올릴 수 있어야 한다.

중요한 건 세상에서 보는 모든 것을 주식으로 연결하는 습관을 들이는 것이다. 피터 린치 책을 읽으며 가장 크게 남은 문장이 있다. 약간의 신경만 쓰면 직장, 동네, 쇼핑몰, 상가 같은 일상에서 월 스트리트 전문가보다 먼저 훌륭한 종목의 단서를 잡을 수 있다는 말이다.

물론 그 책에는 한국 종목에 관한 이야기는 없다. 1970~1990년 대 미국 사례들이 대부분이고, 던킨도너츠 같은 브랜드부터 각종 소 매·소비재 사례가 등장한다.

그런데 종목이 중요한 게 아니라 사고방식이 중요하다. 무엇을 어떻게 봐야 하는지, 그리고 '관찰 → 확인 → 확신'이 만들어지는 흐 름을 보여준다는 점에서 도움이 컸다. 나는 이걸 내 식으로 '생활 속 의 주식'이라 부른다.

생활 속의 주식이란 결국 이런 뜻이다. 세상을 살면서 아무것도 그냥 흘려보내지 않는 것이다. 휴지, 스마트폰, 물병, 내가 입은 옷 과 신발, 학생들이 메고 다니는 가방, 아이들이 먹는 간식, 가족이 백 화점에서 무엇을 집어 드는지, 마트에서 사람들이 어떤 코너에 몰려 있는지, 지나가는 상가 앞에 왜 줄이 서 있는지 같은 것들이 전부 단 서가 된다.

왜냐하면 그 물건들과 서비스는 반드시 누군가가 만들고, 누군 가가 유통하고, 누군가가 돈을 벌고 있기 때문이다. 나는 이런 연결 을 매일 의식적으로 하려고 노력했고, 지금은 거의 자동화된 습관이 됐다.

그냥 걸어 다니다 보면 "저건 뭐지?"라는 질문이 튀어나온다. 사람들이 몰려 있으면 더 그렇다. 제품을 하나 보더라도 "저게 어떤 제품일까?"에서 끝내지 않고, 제조사가 어디인지 찾아보려 한다. 포장에 브랜드만 있고 제조사가 안 보이면 바로 검색해서 "이거 만든 회사가 어디지?"를 확인하는 식이다.

대표적인 사례로는 허니버터칩이 있다. 허니버터칩 품절 사태가 이어지던 때, 관련 회사 주가가 몇 달 만에 크게 뛰었던 걸 기억하는 사람이 많다.

나는 그때 직접 투자로 크게 먹지는 못했지만, 주변에서 한 종목에 레버리지까지 걸어 큰 수익을 낸 사례를 보며 뼈저리게 느꼈다. 일상에서 보이는 소비의 열기가 실제로 주가를 움직일 수 있다는 사실을, 머리가 아니라 장면으로 이해한 것이다.

내가 직접 경험했던 건 '손오공'이라는 기업의 장난감 터닝메카드였다. 터닝메카드는 애니메이션을 타고 아이들 사이에서 폭발적으로 퍼졌고, 인기 모델은 품절이 반복된다는 이야기가 돌았다. 뉴스로만 보면 "잘 팔린대" 정도로 끝난다. 그런데 확신을 만들려면 결국 눈으로 봐야 한다고 생각했다.

그래서 당시 살던 지역의 대형마트에 갔다. 장난감 코너에 가보니 다른 장난감은 다 있는데 그 제품만 없었다. 다 팔려서 매대가 텅 비어 있었다. 직원에게 물어봐도 언제 들어올지 모른다고 할 정도였다.

더 흥미로웠던 건 같은 제품군 안에서도 인기 모델이 따로 있다는 점이었다. 덜 인기 있는 모델만 몇 개 남아 있고, 나머지는 싹 사라져 있었다.

이 장면이 중요한 이유는 단순하다. '수요가 실제로 존재한다'는 증거이고, '수요가 특정 제품에 집중된다'는 힌트이며, '유통 현장에서 품절이 확인된다'는 건 적어도 단기적으로는 판매량이 강하다는 뜻이기 때문이다.

나는 그때 테마처럼 접근한 측면도 있었지만, 누군가는 이걸 '실적에 영향을 줄 것'이라는 관점으로 더 크게 베팅할 수도 있겠다고 느꼈다.

진짬뽕도 비슷했다. 당시 라면 시장이 신제품 경쟁으로 뜨거웠고, 진짬뽕이 화제가 됐다. 그래서 나도 마트에서 실제 판매 흐름을 관찰했다. 사람들이 어떤 라면을 집어 드는지, 진열대가 얼마나 빨리 비는지, 장바구니에 얼마나 자주 담기는지를 봤다.

그때의 수익이 엄청 크진 않았더라도, '뉴스로 만든 확신'과 '현장에서 만든 확신'은 질감이 다르다는 걸 배웠다. 현장 확인은 내 판단에 뼈대를 세워준다. 투자라는 게 결국 불확실성을 다루는 일이라면, 내가 할 수 있는 범위에서 불확실성을 하나라도 줄이는 습관이 장기적으로 큰 힘이 된다.

좋아 보인다고 바로 사지 마라

다만 여기서 중요한 전제가 하나 있다. 내가 좋다고 느꼈다고 해서 바로 주식을 사라는 뜻은 아니다. 바로 매수하기보다 우선 투자 리스트, 즉 관심종목에 올려두자. 나만 좋게 보는 건 투자 아이디어가 아니라 취향일 수 있다.

그래서 나는 늘 '남들도 좋게 보는가'를 확인하려 한다. 내가 터닝메카드를 보러 다른 매장까지 가는 이유도, 라면을 사람들이 정말 집어 드는지 확인하는 이유도 결국 그것이다. 남들도 좋아해야 수요가 생기고, 수요가 생겨야 매출이 찍히고, 매출이 찍혀야 주가가 따라올 가능성이 커진다. 관찰만으로 끝내지 말고, 후기와 선호도도 보고, 어디에서 더 강하게 팔리는지도 보자.

그리고 그다음 단계에서 반드시 확인해야 할 것이 있다. 그 제품이나 아이템이 회사 전체 매출에서 차지하는 비중이 얼마나 되는지, 실제 실적에 어느 정도 기여를 하는지를 따져봐야 한다. 회사에 전화해보는 식으로 검증을 한번 더 없는 게 좋다.

아무리 잘 팔리는 제품이라도 매출 1조 원 규모의 회사에서 500억 원 수준의 매출에 그친다면, 전체 실적에 미치는 영향은 제한적일 수밖에 없다. 회사 규모가 너무 큰데 해당 아이템의 기여도가 작다면, 주가에 반영되는 속도 역시 더딜 가능성이 크다.

세상을 그냥 지나치지 말아야 한다. 무엇이든 주식과 연결해보는 습관을 들여야 한다. 하지만 나 혼자의 감탄으로 끝내면 안 된다. 남들도 좋게 보는 아이템인지, 수요가 실제로 존재하는지, 그 수요가 지속될 가능성이 있는지까지 확인하면서 투자 아이디어를 단단하게 만들어가야 한다.

아이템이 좋아 보인다고 해서 바로 매수하는 것은 테마 접근에 가깝다. 반드시 그 아이템의 매출 비중, 지속성, 확장 가능성을 분석하고, 그 변화가 회사 전체 실적을 얼마나 끌어올릴 수 있는지를 확인해야 한다. 또한 그 기대가 이미 주가에 충분히 반영되어 있는지 여부도 함께 점검해야 한다.

사실 이런 전략은 피터 린치 책에서 배운 것이다. 그래서 그를 존경하고, 그의 책을 사랑한다.

쇼핑 리스트를 평상시에 만들어놓자

평상시에 공부를 많이 해서 '사고 싶은 회사 리스트'를 미리 만들어두는 습관이 필요하다. 종목 풀을 넓히라는 뜻이다. 미리 공부해둔 다음에, 당장 주가가 너무 올라 비싸 보이면 그 리스트를 버리지 말고 그대로 들고 가야 한다.

시장은 언젠가 크게 조정을 받는다. 그때 리스트가 있으면 "이 정도면 너무 많이 빠진 것 아닌가"라고 느껴지는 구간이 반드시 온다.

게다가 실적이 괜찮은 회사들은 밸류에이션이 내려오면 숫자로도 확인이 된다. 과거에 PER 20이던 게 15, 12로 내려오면 그제야 '살 수 있는 용기'가 생기는데, 문제는 폭락장에서는 대부분이 뭘 사야 할지 몰라 우왕좌왕한다는 점이다.

코로나처럼 전부 무너지는 시기에는 '아무거나 사도 됐다'는 말이 나오지만, 실제로는 같은 반등장에서도 어떤 종목은 2배, 어떤 종목은 5배, 10배로 결과가 갈린다. 그 차이는 결국 '미리 준비한 쇼핑 리스트가 있었느냐'에서 나온다.

나는 폭락장이 오면 항상 미리 작성해놓은 쇼핑 리스트를 꺼내서, 그 리스트를 기준으로 기계적으로 매수한다. 이걸 백화점 세일에 비유하면 이해가 쉽다. 평소에 예쁜 옷을 봤지만 비싸서 참는다. 기다렸다가 세일 시즌이 오면 산다. 그런데 세일 날 처음 백화점에 가서 고르면 정말 좋은 옷은 사이즈가 다 빠져 있다. 미리 봐뒀던 사람이 모델명, 색, 사이즈까지 적어놨다가 세일 시작하자마자 바로 집어 오는 것과 똑같다.

주식도 폭락이 오면 전부가 '세일'이 된다. 50% 세일 같은 구간이 오면, 그제야 여기저기 둘러보며 고르는 게 아니라, 미리 정해둔 걸 낚아채야 한다.

이 방식의 본질은 폭락장을 대비하는 것이다. 한국 시장은 체감상 1년에 2~3번 정도 크게 흔들리는 구간이 온다. 분기 지나고 한 번, 여름에 한 번, 연말에 한 번처럼 주기적으로 바겐세일 같은 시간이 생긴다. 시장이 10% 빠지면 개별 종목은 20% 빠지는 경우가 많고, 시장이 15% 빠지면 종목별로 20~30%, 심하면 30~40%까지도 빠진다.

그때 사면 남들보다 30~40% 싸게 사는 셈이 된다. 그런데 그 순간에 "뭘 사야 하지? 이거 맞나, 저거 맞나" 하면서 우왕좌왕하면 기회를 놓친다. 목표를 확실히 잡고 기다리다가, 폭락장이 오면 기계적으로 분할 매수에 들어가는 편이 마음이 가장 편하다.

이 방식은 특히 직장인 투자자에게 유용하다. 평상시에는 '내가 좋다고 봐둔' 종목을 들고 가되, 현금을 굳이 전부 투입하지 않고 남겨둔다. 그러다가 1년에 2~3번 오는 큰 조정장에서 그 현금을 투입한다.

그때는 기존 보유종목을 더 사도 되고, 평소에 보고 있던 다른 종목을 사도 된다. 보통 시장이 어느 정도 복구될 때까지 시간이 걸리지만, 복구가 되면 단기적으로 20~30%만 올라도 체감 수익은 꽤 크다.

다만 한 가지 함정이 있다. 현금 100%로 완전히 시장에서 발을 빼고 있으면, 폭락장이 와도 오히려 들어가기 어렵다. 그건 경험이 아주 많아야 가능한 방식이고, 일반적으로는 평상시에도 어느 정도 포트가 있어야 시장과 연결이 끊기지 않는다. 주식이 조금 물려 있더라도 시장 한가운데에 서 있어야, 조정이 왔을 때 남은 현금으로 행동이 나온다.

나는 실제로 위기가 오고 난 뒤 지수가 원복되면 지수는 그대로 인데 내 계좌 수익률은 오히려 확 올라가 있는 경험을 여러 번 했다. 위기 직전에 욕심을 줄이고 현금을 조금 들고 있었고, 위기가 왔을 때 준비해둔 리스트로 투입했기 때문이다. 그래서 나는 '위기가 오면 무조건 살 종목'이 최소 2~3개는 미리 정해져 있었다.

4장

흔들리지 않는, 이기는 멘탈

WINNING INVESTMENT

심리가
8할이다

종목이 아니라 논리를 봐라

스마트폰 보급 이후 가장 혁신적으로 달라진 점은 MTS를 통해 누구나 언제든 주식 매매를 할 수 있게 되었고, 유튜브와 각종 채널을 통해 정보 접근성이 폭발적으로 높아졌다는 점이다. 다양한 소스를 받아들이는 것 자체는 분명 장점이지만, 그만큼 정보를 스스로 솎아낼 필요성도 커졌다고 본다.

특히 텔레그램 채널은 무조건 많이 구독하는 것이 능사가 아니다. 단순히 뉴스를 전달하는 수준의 채널은 정보가 쌓이기만 하고 실제 투자 판단에는 거의 도움이 되지 않는 경우가 많다. 그런 채널이라면 과감하게 정리하는 것이 맞다.

나 역시 텔레그램을 보긴 하지만, 증권사 채널 몇 개 정도만 참고하고 실시간으로 집착하듯 보지는 않는다. 어차피 리포트는 따로 있고, 텔레그램은 요약본을 빠르게 훑는 용도에 가깝다. 내용이 의미 있어 보이면 원문 리포트를 직접 찾아 꼼꼼히 읽는다.

초보 투자자이거나 아직 정보 해석에 익숙하지 않은 단계라면 텔레그램 채널이 하나의 보조 수단이 될 수는 있다. 다만 그 경우에도 종목을 찍어주는 채널보다는, 투자자들의 사고 과정이나 투자 마인드를 공유하는 채널이 더 낫다. 특정 종목을 알려주지는 않지만, 어떻게 생각하고 어떤 관점으로 시장을 보는지를 보여주는 글들이 오히려 도움이 된다.

증권사 애널리스트 채널의 장점도 여기에 있다. 콘퍼런스콜이나 이슈를 실시간으로 요약해주기 때문에 전체 흐름을 파악하기에 효율적이다. 다만 이것 역시 본인이 관심 있는 섹터의 애널리스트 채널 위주로 선택하는 것이 좋다.

중요한 것은 모든 채널을 다 보려 하지 않는 것이다. 너무 많이 구독하면 오히려 아무것도 남지 않는다. 선택과 집중이 필요하다. 특정 종목을 밀거나, 근거 없는 정보로 불필요한 불안을 조성하는 채널은 특히 조심해야 한다.

뉴스는 누구나 볼 수 있다. 중요한 것은 그 뉴스에 어떤 해석을 덧붙이느냐다. 운영자의 관점과 논리가 담긴 채널이 가치가 있다.

블로그나 텔레그램, 유튜브를 볼 때도 마찬가지다. 독특한 관점, 자기만의 섹터 이해, 논리적인 의견을 제시하는 콘텐츠가 의미 있다. 반면 특정 기업의 실적을 과도하게 낙관적으로 추정하거나, 숫자를 지나치게 단정적으로 제시하는 채널은 주의해야 한다. 실적 추정과 밸류에이션은 개인적인 판단의 영역이고, 맞을 수도 있지만 틀릴 가능성도 크다. 숫자는 언제나 해석의 결과이지 정답이 아니다.

그래서 나는 항상 사람들의 '종목'이 아니라 '논리'를 본다. 나 역시 종목에 대해서는 거의 이야기하지 않는다. 종목을 직접적으로 알려주는 순간, 그건 남의 종목이 되기 때문이다. 정답을 원하는 투자자들이 있다. 무엇을 사야 하느냐고 묻는다. 물론 알려줄 수도 있다. 하지만 그 종목이 잘되면 다행인데, 안 되면 그 책임은 누구에게 돌아가겠는가.

주식 투자는 문제집이 아니다. 답만 외워서는 통하지 않는다. 시장에서는 항상 변형된 문제로 나온다. 똑같은 종목도 다른 조건에서는 전혀 다르게 움직인다. 그래서 필요한 것은 답이 아니라 개념이다. 정보가 들어왔을 때 스스로 해석하고 검증할 수 있는 능력이다. 내가 이해하는 영역과 이해하지 못하는 영역을 구분하고, 아는 것만 하는 태도가 중요하다.

투자를 오래 하고 싶다면 남의 종목을 찾지 말고, 남의 사고방식을 배우는 데 집중해야 한다. 이 사람은 어떤 자료를 보고, 어떤 논리로 판단하는지, 왜 이 산업을 좋게 보는지 그 과정을 보는 것이 핵심이다. 이게 당장은 도움이 안 될 수 있지만, 그 사고 구조는 남는다. 그렇게 쌓인 것이 결국 자기만의 섹터가 되고, 자기만의 기준이 된다. 그때 비로소 남의 종목이 아니라, 진짜 자기 종목을 가질 수 있게 된다.

소음에 대처하는 법: 단독 기사에 주의하라

요즘은 텔레그램 채널을 통해 뉴스가 거의 실시간으로 유통된다. 그러다 보니 어떤 종목의 주가가 급락했을 때 이유를 찾아보면, 텔레그램에서 특정 뉴스가 먼저 돌았던 경우가 적지 않다.

문제는 그 뉴스들 가운데 사실로 확인되는 기사도 있지만, 곧바로 반박 기사나 정정 보도가 나오는 경우 역시 상당히 많다는 점이다. 일반 투자자 입장에서는 그 뉴스가 사실인지 아닌지를 즉각적으로 판단하기가 매우 어렵다. 그래서 최소한 이것만은 조심하면 불필요하게 휘둘리지 않을 수 있겠다는 기준이 하나 있다. 바로 단독 기사다.

단독 기사는 상당히 조심해서 봐야 한다고 생각한다. 물론 언론의 자유는 존중돼야 하지만, 확인되지 않은 단독 기사로 인해 시장에서 실제 피해자가 발생하는 경우도 분명히 존재한다.

예를 들어 호재성 단독 기사가 나오면 사람들은 사실 여부를 따질 시간도 없이 몰려들어 매수한다. 그러다 곧바로 회사 측에서 공시나 인터뷰를 통해 "사실이 아니다"라고 밝히면 주가는 급락하고, 고점에서 매수한 사람들은 그대로 손실을 떠안게 된다.

호재 단독 기사만 보고 급하게 매수하는 것은 조심해야 한다. 안 산다고 해서 손실이 나는 것은 아니다. 그러나 사는 순간부터는 손실의 가능성이 생긴다. 굳이 불확실한 정보에 배팅할 필요는 없다.

반대로 악재성 단독 기사도 조심해야 한다. 특정 기업과 관련된 인수설이나 사업 철수설 같은 뉴스가 단독으로 나오면 주가가 크게 흔들리지만, 이후 사실 무근으로 밝혀지는 경우도 적지 않다. 그사이에 겁이 나서 팔아버린 투자자들은 다시 올라가는 주가를 보며 허탈해진다.

단독 기사 하나만 보고 즉각적으로 매매 결정을 내리지 말아야 한다. 특히 보유 중인 종목이라면 반드시 회사에 직접 확인해야 한다. IR 부서에 전화를 해서 사실 여부를 묻는 것만으로도 불필요한 손실을 상당 부분 줄일 수 있다.

그래서 나는 장중에 실시간 뉴스를 보고 즉각 매매하는 방식을 거의 하지 않는다. 뉴스에 지나치게 반응하다 보면 매매가 잦아지고, 결과적으로 계좌만 피로해진다.

오히려 중요한 것은 해당 기업이나 산업에서 정말 치명적인 악재가 무엇인지 미리 기준을 세워두는 일이다. 예를 들어 엔터테인먼트 산업에 투자했다면, 진짜 큰 리스크는 금리 인상이나 지수 하락이 아니라 산업 자체의 성장 둔화다. 앨범 판매량이나 수출 데이터가 꺾이거나, 유튜브 조회 수와 구독자 수가 전반적으로 감소하는 흐름이 나타난다면 그건 산업 차원의 악재다. 성장률이 매년 두 자릿수로 나오다가 한 자릿수로 떨어지거나 역성장으로 전환된다면, 그때는 고(高) 밸류에이션을 주기 어려워진다.

그 회사를 대표하는 아티스트나 핵심 인물이 사회적 물의를 일으켜 활동이 중단될 가능성이 생긴다면, 이 또한 실적에 직접적인 영향을 미칠 수 있는 중대한 리스크다. 이런 경우에는 단독 기사라 하더라도 가볍게 넘겨서는 안 된다. 다만 최근에는 글로벌 사업 구조가 자리 잡으면서 일부 리스크를 분산시키는 사례도 많아졌다는 점은 함께 고려할 필요가 있다.

시장 전체가 꺾일 때도 마찬가지다. 지수가 급락하면 금리 인상, 환율, 대외 변수 같은 이야기들이 쏟아지지만, 그 이슈가 내가 투자한 산업의 본질적인 리스크인지 따져봐야 한다. 금리와 직접적으로 연관된 산업도 있고, 거의 영향을 받지 않는 산업도 있다. 엔터 산업은 팬덤 비즈니스이고, 2차전지 산업은 결국 전기차 판매량과 기술 흐름이 핵심이다. 시장이 빠진다고 해서 팬덤이 하루아침에 사라지거나 전기차 전환 흐름이 멈추는 것은 아니다.

그래서 뉴스가 나올 때마다 '이 악재가 이 산업의 근본적인 성장성을 훼손하는가, 아니면 단기적인 노이즈인가'를 스스로 묻는 습관이 중요하다. 그렇게 생각하면 오히려 버틸 수 있고, 때로는 좋은 기회로 만들 수도 있다. 결국 뉴스에 휘둘리지 않기 위해 필요한 전제는 산업 공부다. 공부가 된 사람과 그렇지 않은 사람의 차이는 여기서 크게 벌어진다.

시장이 한 달 사이에 15~20% 급락하는 상황은, 준비된 사람에게는 공포가 아니라 기회가 된다. 문제는 그때 무엇을 사야 할지 이미 정해져 있느냐는 것이다. 준비 없이 맞이한 하락장은 공포일 뿐이다. 핵심 비즈니스 모델과 산업의 본질을 흔들지 않는 이슈라면 그것은 노이즈에 불과하다. 그런 노이즈에 에너지를 쓰지 말고, 정말 중요한 것만 남기고 나머지는 과감히 버리는 태도가 필요하다.

포모(FOMO)가 왔을 때 어떻게 할까?

잘나가는 종목이 포트에 없으면 마음이 흔들린다. 포모라는 것은 결국 남의 종목을 시샘하는 감정이고, 질투에 가깝다. 나는 왜 저걸 못 가졌지, 나만 바보가 된 것 같은 감정이다.

내가 공부해서 담은 종목들은 가만히 있는데, 시장에서는 다른 종목들이 치고 나가면 "이렇게 공부해서 담아 놓고 무얼 하나"라는 생각이 든다. "이거 살 걸, 왜 이걸 샀지", "지금이라도 사야 하나" 같은 생각이 계속 든다. 무섭다고 하면서도 사고 싶고, 못 사는 내가 답답해진다. 이런 마음은 다 똑같다.

혼자 투자할 때는 포모가 거의 오지 않는다. 포모는 주로 남의 이야기를 들을 때 온다. 신문, 뉴스, 특히 주식 단톡방에서 수익 인증을 볼 때 가장 강하게 온다.

사람은 잘된 것만 보고 싶어 하고, 또 잘된 것만 보여주고 싶어 한다. 수익 인증은 넘치는데 손실 인증은 거의 없다. 그러다 보니 남들은 다 잘되고 나는 가만히 있는 것처럼 느껴진다. 자기 종목이 안 가니까 포모는 더 심해진다.

잘나가는 종목이 포트에 없다고 해서 내가 틀린 건 아니다. 중요한 건 내가 이해하고 버틸 수 있는 종목을 들고 있느냐는 점이다. 공부한 시간이 당장 수익으로 이어지지 않을 수는 있다. 하지만 그 시간이 쌓여야 다음 기회에서 흔들리지 않는다. 남의 종목을 부러워하며 쫓아가는 순간, 그 종목은 이미 내 종목이 아니다. 그래서 이런 시기일수록 조급해하지 말고, 내가 왜 이 종목을 들고 있는지 그 이유를 다시 점검하는 게 맞다.

그래서 아예 눈과 귀를 닫는 것도 하나의 방법이다. 나 역시 단톡방 하나를 하다가 잠시 나간 적이 있다. 남들은 다 잘되는 이야기만 한다. 올라간 종목만 이야기하고, 떨어진 종목은 말하지 않는다. 그러다 보니 착시가 생긴다. 남들은 다 잘 나가고 나만 뒤처진 것처럼 느껴진다.

결국 선택지는 둘 중 하나다. 달리는 말에 올라타거나, 아니면 무시하거나. 올라타기로 했다면 낙마할 수도 있다는 걸 감수해야 한다. 그런데 대부분은 그 말에 제대로 올라타지도 못한다. 고민하다가 올라타는 순간부터는 운의 영역이 된다. 더 큰 문제는 그때부터 포모보다 더 무서운 감정이 온다는 점이다. 그건 바로 공포다. 변동성에 대한 공포다.

자기가 모르는 종목을 따라 타는 순간 하루에 10%, 20%씩 움직이는 변동성을 견뎌야 한다. 플러스 10%에 샀다가 하루 만에 마이너스 10%를 맞으면 체감 손실은 훨씬 크다. 그 스트레스는 포모보다 훨씬 강하다.

그래서 플러스 10%에 샀다가 마이너스 10%에 던져버리는 일이 흔하다. 모르는 종목이니 더 버티지 못한다. 그런데 그렇게 던진 종목이 다시 보합을 거쳐 플러스 10%로 가면, 그때는 포모에 손실까지 더해진다. 이게 가장 괴로운 상태다.

견조한 섹터나 수익이 나는 종목을 하나라도 들고 있으면 포모는 훨씬 약해진다. 내가 들고 있는 종목이 이미 30~40% 올라와 있다면 남의 종목이 아무리 올라가도 상대적으로 덜 흔들린다. 이런 점에서도 분산투자는 의미가 있다.

테마성 급등을 따라가느니, 내가 이해하고 준비된 기회를 기다리는 게 더 현실적인 선택이다. 포모는 불편하지만, 그 감정을 견디는 것이 잘 모르는 종목을 따라가다 크게 흔들리는 것보다 훨씬 낫다.

최근 AI나 로봇 같은 테마가 강한 이유는, 실적이 불확실해진 구간에서 사람들이 '숫자'보다 '서사'로 모이기 때문이다. 금리 인상과 경기 둔화 우려가 커지면 기업은 투자를 줄이고, 소비는 위축되고, 대형주의 실적 기대가 낮아진다. 그러면 코스피가 바닥을 기고, '실적이 받쳐주는 대형주를 사서 편하게 간다'는 선택지가 힘을 잃는다.

그 순간 돈은 갈 데가 없다. 그래서 둘 중 하나로 흐른다. 실적이 아예 없는 곳(꿈으로 가는 곳)으로 가거나, 실적이 '무조건' 좋아질 수밖에 없는 곳(확장성이 눈에 보이는 곳)으로 간다.

이 흐름이 특히 심해진 데는 한국 시장 특유의 조건이 겹쳤다고 본다. 코스닥은 원래 쏠림이 강하고, 개인 자금이 주도권을 잡으면 그 쏠림은 더 빨라진다.

시총 500억, 1000억짜리 회사에 매물이 얇은 상태에서 '좋다'는 말 하나로 롤링이 시작되면, 위가 어디인지 계산이 안 되는 구간이 나온다. PER이 없고 적자인데도 자산가치 대비 30배, 40배로 거래되는 종목이 생기는 이유가 여기에 있다. 실적 장세가 아니니 실적이 없는 곳으로 돈이 몰리고, 몰리니 더 올라가고, 더 오르니 또 돈이 몰린다. 바이오가 그랬던 시절과 닮았다.

그렇다고 이게 전부 허상이라는 뜻은 아니다. 방향성 자체는 명확하다. AI와 로봇은 '될 수밖에 없는' 방향이라는 점에서 강하다. 다만 지금은 '꿈'이 가격을 만들고 있고, 그 꿈이 언제 '숫자'로 바뀌는지 아무도 모른다.

지금의 구간에서 가장 위험한 건, 내가 모르는 종목을 '포모를 없애기 위해' 따라 타는 선택이다. 못 산 건 손실이 아니다. 하지만 욕심으로 들어가서 물리는 순간부터는 진짜 손실이 된다. 테마는 끝나는 순간이 잔인하고, 고점에 물리면 10분의 1토막이 나도 이상하지 않다. 그걸 손절할 수 있느냐는 또 다른 문제다.

그래서 접근 방식은 깔끔하게 나뉜다. 트레이딩을 할 수 있는 환경에 있는 사람만 트레이딩으로 접근하는 게 맞다. 본업이 있고 장을 계속 보지 못하는 사람은 테마를 '투자'로 대하면 위험이 커진다. 손님 응대하다가 10분 뒤에 확인했더니 급락해 있는 시장에서 테마를 들고 있으면, 그건 실력 게임이 아니라 환경 게임이 된다. 자신이 없으면 접근하지 않는 게 맞고, 포모가 오더라도 '차라리 포모를 느끼자'는 쪽이 더 안전한 선택이다.

이런 시장이 바뀌는 건 결국 실적 장세가 돌아오는 시점이다. 대기업 실적 발표가 본격적으로 나오고, 생각보다 덜 나쁘거나 오히려 서프라이즈가 나오는 섹터가 등장하면 돈이 다시 '숫자'로 이동할 가능성이 크다.

그전까지는 조심해야 할 종목이 너무 많다. 특히 AI·로봇은 밸류를 계산할 기준점이 없고, 적자 기업이라면 PER 자체가 성립하지 않는다. 그 상태에서 가격은 논리가 아니라 분위기가 만든다. 분위기가 만든 가격은 분위기가 식으면 회수도 빠르다.

모르는 종목은 포모가 와도 과감히 버려라

매도에는 더더욱 정답이 없다. 투자 아이디어가 있는 회사면 그 아이디어가 실현되는 구간에서 파는 게 맞지만, 아이디어와 무관하게 달리는 경우도 많다. 그럴 때는 결국 자기 그릇만큼 이익 실현하는 게 맞다. '이 정도면 후회 없다'는 심리적 기준이 중요하다.

자신이 없으면 분할 매도로 대응하면 된다. 절반을 먼저 팔고 나머지를 들고 가거나, 3분의 1씩 나눠 파는 식으로 심리적으로 무너지지 않을 정도로만 남기는 게 답이다. 테마 급등주처럼 밸류 계산이 안 되는 구간에서는 기술적 기준을 붙여도 된다.

예를 들어 초급등 종목에서 3일선이 깨지면 일부를 털고, 5일선이 깨지면 추가로 털고, 나머지는 기회로 남겨두는 식이다. 중요한 건 방식이 아니라, 그 원칙을 미리 정하고 흔들리지 않는 것이다.

수급을 보는 능력도 분명 중요하다. 다만 수급이 투자 아이디어의 '핵심'이 되면 안 되고, 좋은 기업을 고른 뒤에 플러스 알파로 붙는 게 맞다. 기관이 산다는 건 심리적 안정감을 줄 수 있고, 때로는 "왜 사지?"라는 질문을 통해 종목 공부의 출발점이 되기도 한다.

최근 1~4주 동안 기관이 의미 있게 매집한 종목을 보고, "이유가 뭐지?”에서 시작해 리포트를 찾아보고 비즈니스 모델을 파고드는 방식은 꽤 좋은 공부법이다. 하지만 '기관이 사니까 산다'는 순간부터는 또 남의 종목이 된다.

포모는 완전히 사라지지 않는다. 다만 내가 잘 아는 섹터에서 기다리면 턴은 돌아온다. 영원한 건 없다. 지금 과열된 곳은 숨 고르기가 필요하고, 지금 눌린 곳에는 언젠가 턴이 온다. 그러니 결론은 단순하다. 잘 아는 것만 하고, 모르는 건 포모가 와도 과감히 버리는 게 낫다.

하락장에
어떻게 대응해야 할까?

하락장에서 해야 할 3가지

2022년 초에 시장이 급락했다. 우크라이나 이슈 등 여러 문제가 겹치면서 최저점 구간을 지나왔다. 여름 즈음에는 미국도 그렇고 우리나라도 하루에 3~4%씩 빠지는 장면이 나왔는데, 코로나 이후로는 거의 처음이라는 느낌이 들 만큼 충격이 컸다. 고점에서 조금 빠진 정도가 아니라 '빠질 만큼 빠진 것 같은데도 더 빠지는' 구간이 이어졌다.

이런 때 현금을 마련해둔 사람은 지금을 '쓸 구간'으로 볼 수도 있지만, 반대로 이미 주식으로 꽉 채워둔 사람은 지금이라도 현금을 마련하는 게 맞는지 고민하게 된다. 그렇다고 무조건 현금을 만들기 위해 억지로 뭘 팔아야 하는가 하면, 그건 또 아닌 것 같다는 생각도 동시에 든다.

당시 악재는 크게 3가지가 겹쳐 있었다. 러시아-우크라이나 문제가 아직 해결되지 않았고, 그 파급으로 에너지 가격 급등이 진정되지 않는 데다, 농산물 가격도 불안정해서 인플레이션, 에그플레이션 같은 이야기까지 나오는 상황이었다. 사람들의 생활에 필수적인 에너지와 음식료가 흔들리는 상태가 계속되니 이 부분은 해결될 조짐이 잘 보이지 않았다.

여기에 미국 인플레이션이 있고, 그걸 잡기 위한 금리 인상, 빅스텝 같은 정책이 맞물려 시장을 압박했다. 특히 미국 시장은 금리 인상 국면에서 과민하게 반응하는 것처럼 보일 때가 많다.

개인 투자자가 이걸 인위적으로 바꿀 수 있는 것도 아니고, 금리 인상은 어느 정도 정해진 미래처럼 느껴졌다. 그런 때에 '현금을 챙겨야겠다'는 판단이 든다면 챙기는 것도 괜찮다고 본다. 다만 여기서 말하는 '현금 챙기기'는 현금 그 자체를 위한 현금이 아니라, 포트에서 '물이 빠지니까 비로소 보이는 것'을 정리하라는 의미다. 하락장이 깊어질수록 "내가 이걸 왜 샀지?" 싶은 종목이 드러나는데, 그걸 찾아내라는 이야기다.

반대로 꽃을 뽑고 잡초를 심는 식으로, 좋은 종목을 단순히 올랐다는 이유로 팔고 빠진 종목을 산다는 식의 리밸런싱을 하라는 뜻은 아니다. 내가 좋아했던 종목을 그냥 사는 편이 낫고, 내가 보유한 종목 중에서 투자 아이디어가 불명확하거나, '카더라'로 샀거나, 무지성 매수였거나, 많이 떨어진 것 같아서 샀던 종목이라면 그런 건 걷어내서 현금화시키고 포트를 솎아내는 게 낫다는 뜻이다.

이처럼 하락장에는 포트를 점검해야 한다. 더 빠지면 못 버틸 종목은 대개 '내 논리가 없는 종목'이다. 반대로 포트 안에 "빠지면 더 사도 되는 것 아닌가"라는 확신이 있는 종목, 내가 제대로 공부했고 어떤 일이 있어도 들고 갈 수 있다고 생각하는 종목, 투자 아이디어가 아직 죽지 않고 살아 있는 종목은 살려둬야 한다. 솎아낼 게 하나도 없다면 버티면 된다. 자신감이 있는 종목을 왜 파느냐는 이야기다. 오히려 그런 종목은 더 살 수도 있는 대상이다.

리밸런싱이 끝났고 이미 현금을 보유하고 있던 사람이라면, 하락장은 현금을 투입할 '가능성'이 열리는 구간으로 볼 수도 있다. 바닥은 사실 모른다.

그래서 지수만 보고 "이 정도면 너무 많이 빠졌으니 사야 한다"라고 말하기는 어렵다. V자 반등은 항상 힘들고, 바닥을 다지려면 악재가 '충분히 가격에 반영되는 과정'이 필요하다. 뉴스에서 다음 분기 전망이 더 나빠질 것 같다는 이야기들이 쏟아져 나오면 한 번 더 흔들리는 경우도 생긴다. 그때부터 내가 원래 원하던 가격에 오면 분할로 들어가는 식이 낫다.

개별 종목의 가격을 볼 때도 결국 같은 논리다. 예를 들어 같은 종목을 보더라도, 현재 컨센서스를 기준으로 보면 PER 12 정도로 "괜찮은 것 아닌가"라고 느낄 수 있다. 하지만 컨센서스가 하향되면 PER은 12가 아니라 17, 18로 바뀔 수 있다. 멀티플이 올라가는 게 아니라 EPS가 내려가서 그렇게 보이는 것이다.

나는 보고서와 실적 추정치가 어떻게 바뀌는지, 혹시 하향이 나오는지 같은 흐름을 보면서 "이제 실적을 깎기 시작하는구나"라는 신호가 보이면 그때부터 더 신중하게 접근하려는 편이다. 현금이 있다고 해서 무조건 "지수가 많이 빠졌으니 배팅해야 한다"라는 식으로 가면 안 된다. 코스닥이 고점 대비 15% 빠졌다고 들어갔다가 더 깊게 빠지면, 나스닥처럼 -15%에서 샀는데 -30%로 가는 상황도 생긴다.

결국 하락장에서 해야 할 일은 3가지로 정리된다.

첫째, 포트를 점검해서 "왜 샀는지 모르겠다" 싶은 종목은 걷어내고 현금을 만든다.

둘째, 쇼핑 리스트를 만든다. 악재가 있어도 내년을 보고 사야 할 종목이 있으면 그걸 리스트에 올리고, 지금 조정이어도 올해 꾸준히 갈 것 같은 종목이 있으면 그것도 리스트에 올린다.

셋째, 지수에 휘둘리지 말고 '내가 정한 가격대'에 오면 분할 매수하고, 한 번에 몰빵하지 않는다.

전략은 두 갈래다. 정말 마음에 드는 종목이나 섹터가 뚜렷하게 보이면 그쪽에 집중할 수 있다. 반대로 확신이 선명하지 않은 상태에서 시장이 빠져버려 '너도나도 싸 보이는' 구간이 오면, 평범한 종목이 하락장 때문에 싸진 상황이니 그런 걸 바스켓으로 담는 식으로 접근할 수도 있다. 코로나 때처럼 전부가 싸졌던 구간은 종목의 좋고 나쁨을 떠나 '가격' 자체가 기회였던 것처럼 말이다.

시장이 빠질 때의 마음가짐은 결국 '소음에서 멀어지는 것'으로 귀결된다. 『소음과 투자』라는 책에서도 기업 분석과 포트 운영에 집중하라고 한다. 노이즈에 흔들리지 말고 종목 선정과 비중에 집중하라는 뜻이다. 변동성이 극심해지면 가격만 보게 되는데, 그럴수록 기업의 내재 가치에 더 집중해야 소음에서 멀어진다.

기업의 내재 가치를 나무의 본체라고 보면, 시장의 분위기는 태양 같은 것이고 주가는 그림자다. 태양 위치에 따라 그림자는 길어지기도 짧아지기도 하지만, 나무의 본체가 갑자기 바뀌는 것은 아니다. 힘든 장에서는 좋은 회사도 같이 빠지는 일이 흔하다. 특히 분기 실적 시즌 전후로 흔들림이 커지고, 하반기로 갈수록 자금이 빠지는 장면도 자주 나온다.

그래서 이런 구간을 오히려 기회로 삼아야 한다고 본다. 미국 금리가 어떻든 상관없이 내년, 내후년에 좋아질 섹터와 종목을 포트에 담아두는 쪽이 결국 잘 버티게 한다. 하락장을 견디는 힘도 거기에서 나온다고 본다.

시장의 노이즈 속에서 평온을 유지하는 비법을 묻지만, 결론부터 말하면 평온할 수 없다. 계좌가 빠지면 스트레스받는 게 정상이다. 특히 본업이 투자라면 자산의 규모도 크고, 말 그대로 인생을 걸고 하는 일이니 강도는 더 세다. 손실 규모가 커질수록 힘든 것도 당연하다. 다만 그럼에도 버틸 수 있었던 건 '이런 시기는 항상 왔고, 드디어 올 게 왔다'는 경험의 축적 덕분이다. 받아들이고, 그때 해야 할 일을 정리해두면 노이즈가 줄어든다.

하락장에서 마음이 흔들릴 때는 순서를 정해두는 게 낫다.

첫째, 투자 아이디어를 점검해야 한다. 지금 10% 빠진 주가만 보면 당장 팔고 싶은데, 그때 묻는 질문은 하나다. 내가 이 종목을 왜 샀는지 기억이 나느냐. 아이디어가 없었다면 던져야 한다. 못 버틴다. "왜 샀지?"라는 생각이 들고, 심지어 기억도 안 나면 흔들릴 때 버틸 수가 없다.

둘째, 투자 아이디어가 망가졌다면 당연히 던져야 한다. 이건 고민할 필요가 없다. 투자 경험이 적은 투자자가 가장 많이 저지르는 실수는 투자 아이디어가 훼손되었음에도 그걸 모르거나, 알면서도 손실 확정이 싫어서 손절하지 않는 것이다. 이건 정말 최악의 선택이다. 투자 아이디어가 훼손되었다면 미련 없이 던지고 다른 좋은 종목으로 갈아타

는 게 기회비용 측면에서도 더 나은 선택이다.

셋째, 아이디어에 큰 문제가 없다면 다음 단계로 넘어가야 한다. 그다음은 "내가 비싸게 샀는가"를 객관화하는 일이다. 아이디어가 좋아도 고점에 비싸게 샀다면 시간이 필요하다. 같은 진실도 가격이 비싸면 오래 기다려야 한다. 그래서 '맞냐 틀리냐' 다음에 '가격이 과했냐'를 봐야 한다.

여기서 밸류에이션은 엿장수 마음대로다. 어떤 사람은 20을 주고, 어떤 사람은 30을 준다. 정답은 없다. 그래도 "미래 실적과 성장성 대비 과도하게 비싼가" 정도는 조심스러운 신호로 쓸 수 있다. 예를 들어 성장률이 높다는 이유로 PER 95배 같은 숫자가 등장하면, 그건 너무 과도한 게 아니냐는 생각이 드는 게 정상이다.

성장주라도 30배까지는 용인할 수 있지만 40을 넘어가면 멈칫하고, 50, 60을 목표가처럼 부르는 구간은 더 조심해야 한다.

그리고 'EPS는 성장하는데도 주가가 빠지는' 상황에서는 투자의 시계열을 늘려야 한다. 분기 실적이 잘 나와도 단기 데이터, 10일 수출 데이터, 1개월 데이터 같은 것에 시장이 과민하게 반응할 수 있다. 그래서 단기 데이터 하나만 보고 던져버리면 너무 일찍 판단하는 경우가 생긴다. 투자 기간을 6개월에서 1년 정도로 설정하고, 그 시계열에 맞는 종목을 고르는 편이 덜 흔들린다. 단기 지표에 흔들리기 쉬운 시장일수록, 내가 기준으로 삼는 시간 단위를 길게 잡는 게 노이즈를 줄인다.

'텐 배거'를 찾는 사람들이라면 답은 결국 해외 확장성이 있는 기업을 사는 것이다. 10배, 100배 간 종목들의 공통분모는 시장의 크기다. 회사의 강점만으로 매출이 터지는 게 아니다. 전방 시장이 커야 한다. 전방 시장이 커지고, 회사도 같이 커지는 구조면 더 좋다.

개인이 다음 분기, 다다음 분기를 숫자로 맞추긴 어렵지만, 유추는 할 수 있다. 예를 들어 미국 진출 이후 점유율이나 매출이 올라오는 흐름이 보이면, 미국 시장은 더 크니 다음 분기에도 그 흐름이 이어질 확률이 높아진다. 그런 그림이 보인다면 당장 미국이 어쩌고 하더라도 흔들리지 않고 보유할 수 있다.

반대로 회사에 개별 문제가 생기면 팔아야 한다. 그걸 걸러내려면 결국 리포트를 보고, 신문을 보고, 회사와 통화하면서 확인하는 수밖에 없다.

업황은 좋아 보이는데 주가는 이미 다 반영한 것 같은 괴리도 있다. 이건 판단이 어렵다. 다만 너무 많은 사람이 알고 있고, 어디서나 같은 숫자를 들고 나오는 종목은 그 컨센서스가 상당 부분 주가에 반영됐을 가능성이 크다. 스트리트 컨센서스, 시장 컨센서스, 증권사 리포트에 이미 2026년 실적이 깔려 있다면 그 숫자는 '미래'까지 포함해 주가에 어느 정도 들어가 있다고 보는 게 자연스럽다.

그다음 레벨업을 하려면 그 숫자를 깨부술 만큼 더 압도적인 실적이 분기마다 나오거나, 컨센서스 자체가 더 올라갈 만한 새 소식이 필요하다. 결국 회사별로 투자 아이디어가 깨졌는지 안 깨졌는지를 다시 보는 게 핵심이다.

매크로는 체크해야 하지만, 예측이 불가능하다. 그래서 현실적인 팁이 하나 남는다. 불안하면 현금을 챙겨둬야 한다. 주식 비중을 조금 낮춰놓기만 해도 마음이 편해진다. 내 패가 좋다고 매번 올인하거나 돈을 빌려 배팅하면, 시장이 흔들릴 때 심리적 타격이 커지고 버텨야 할 때 못 버티고 튕겨져 나간다. 현금이 뒷배처럼 남아 있으면, 출렁이는 하반기 같은 구간마다 위기를 기회로 쓸 여유가 생긴다. 결국 마인드 컨트롤은 마음을 억지로 다스리는 기술이 아니라, '내가 흔들리지 않을 포지션을 미리 만들어두는 설계'에 더 가깝다.

반등의 시그널을 잡는 법

하락했다가 반등하는 시그널을 잡는 법에는 정답은 없다. 다만, 다음 4가지 현상이 발생하면 반등할 시기가 머지않았다는 것을 알 수 있다.

1. 숫자 시그널

월간 기준으로 한 달 사이에 지수가 15%~20% 이상 빠지면 과

매도권으로 진입했다고 본다. 종목을 떠나 시장 전체가 짧은 시간에 15~20% 빠졌다면 단기적으로 너무 많이 빠진 것이다. 다만, 이건 모든 하락에 똑같이 적용되지는 않는다. 하락의 원인이 금융위기냐 아니냐에 따라 더 폭락할 수도, 덜 내려갈 수도 있다. 리먼 사태와 같은 금융 시스템의 위기라면 15~20% 정도가 아니라 시장의 패닉이 장기화될 수 있기에 위기를 잘 구분해야 한다. 이런 금융 시스템 위기는 복구되는 데 시간이 오래 걸리기에 오히려 관망하는 게 더 나은 선택이다.

다만 유동성 축소 공포, 전쟁 공포처럼 '심리'가 주도하는 조정이라면 금융 시스템 붕괴 같은 진짜 폭락장과는 결이 다르고, 그런 경우엔 15~20% 구간부터는 분할 매수를 걸어볼 만한 지수 레벨이라고 본다. 특히 미국 시장이 하락하면서 한국 시장이 동반해서 하락하는 경우에는 시장이 다시 회복되는 경우가 정말 많았다.

여기서 중요한 건 '이쯤이면 저점이니 올인'이 아니다. 15% 빠졌다고 해서 오늘 몽땅 사는 게 아니라, 쇼핑 리스트를 뽑아두고 분할로 들어가야 한다. 지수가 여기서 5% 더 빠지면 추가, 또 5% 더 빠지면 추가처럼, 계단식으로 매수 규칙을 만들어서 기계적으로 움직이는 쪽이 낫다. 바로 튀어 올라도 어쩔 수 없고, 더 빠져도 처음부터 '그럴 수 있다'를 전제로 두는 게 핵심이다.

2. 인간 지표

이건 우스갯소리로 들릴 수 있지만 실제로 강하다. 시장이 정말 힘들어질 때는 대화 주제가 바뀐다. 종목 얘기가 사라지고 지수 얘기만 남는다. 단톡방에서 다들 미국 지수만 쳐다보고 "오늘도 빠지네요"만 반복한다. 밤에 잠을 안 자고 미국 시장만 확인한다. 이때는 이미 심리가 꽤 꺾인 상태다.

그중에서도 가장 강한 인간 지표는 '항복 선언'이다. 온라인 카페 같은 곳에서 "손절했습니다", "오늘부로 주식 다 정리했습니다" 같은 글이 올라오기 시작하면, 체감상 바닥에 80~90%는 근접했다고 본다. 그 글이 몇 개가 아니라, 힘들다는 글로 도배되기 시작하면 더 그렇다. 이건 시장에 '추가 하락을 견딜 사람'이 줄어들었다는 뜻이기도 하다.

3. 미디어 지표

경제신문은 원래 민감하니 그렇다 치고, 경제신문이 아닌 일반 일간지 1면에 '주식 폭락'이 걸리고, 9시 뉴스 톱에서 '주식시장 폭락'이 연일 나오기 시작하면 그 또한 신호가 된다. 머리를 감싸고 있는 투자자 사진이 반복해서 나오면 대중 심리가 뒤늦게 공포에 도착한 시점일 가능성이 높다. 시장은 보통 '대중이 확신할 때'가 아니라 '대중이 포기할 때' 바닥 근처를 만든다.

4. 블로그, 유튜브에서 하락을 이야기한다

평소에 시장 이야기를 잘 안 하던 사람이 갑자기 '긴급 편성'을 하고 시장 지수를 이야기하거나, 힘내자고 말하기 시작하면 시장에 사건이 난 거다. 이건 흔한 일이 아니고, 그래서 오히려 반증처럼 쓴다. 이런 콘텐츠들이 동시다발적으로 보인다면 시장이 꽤 깊게 조정을 받았다는 뜻이기도 하다.

정리하면 이렇다. 지수가 한 달에 15~20% 빠지는 '속도'가 나오고, 사람들의 말이 종목에서 지수로 바뀌고, 커뮤니티에 항복 선언이 올라오고, 비경제 매체까지 폭락 뉴스를 톱으로 다루면, 단기 기술적 반등이 나올 확률이 높아진다.

다만 '금융위기만 아니면 된다'가 안전장치다. 진짜 폭락장은 예고된 금리 인상 같은 게 아니라, 금융 시스템 붕괴나 국가 모라토리엄, 구제금융, 금융기관 파산 같은 데서 튀어나온다. 그런 종류면 마이너스 15~20%는 시작일 수도 있다. 반대로 금리 인상은 예고되어 왔고 속도와 강도가 문제였던 거라면, 그 공포가 과도하게 반영된 구간에서 한번쯤은 반등하는 그림이 더 자주 나온다.

그럼 반등 시그널이 왔을 때는 어떻게 할까? 시그널이 왔다고 흥분해서 추격 매수하지 말자. 쇼핑 리스트를 미리 뽑아두고, 지수가 추가로 더 빠질 때를 전제로 계단식 분할 매수 규칙을 만든다. 그리고 반등이 나오면, 그게 추세 전환인지 단기 반등인지 아무도 모르니, 더욱 기계적으로 대응하는 것이 좋다. 즉 남들이 힘들어할 때 정해둔 규칙대로 조금씩 사고, 반등이 크게 오면 욕심을 부리는 대신 현금 여유를 회복하는 쪽으로 일부 정리한다.

부동산 vs 주식, 수익률을 택하라

집이냐 주식이냐

집을 먼저 사느냐, 주식으로 불려서 집을 사느냐는 질문은 늘 정답이 없는 논쟁처럼 보인다. 사람마다 성향이 다르고, 처한 환경도 다르다. 지역, 직업, 소득 구조, 부모로부터 물려받은 자산 여부까지 모두 다르기 때문에 하나의 공식으로 말할 수 있는 문제는 아니다.

여유가 있는 사람이라면 집을 먼저 사는 선택도 충분히 가능하다. 특히 지방처럼 주택 가격이 상대적으로 감당 가능한 지역이라면, 무리하지 않는 선에서 집을 먼저 마련하는 것이 현실적인 선택이 될 수 있다.

반대로 서울, 특히 2030 세대가 처한 현실은 다르다. 서울의 아파트 평균 가격은 이미 평균 15억 수준이고, 소형 평형도 10억 원 이상이 기본이다. 신축 아파트를 선호하는 수요까지 감안하면 체감 부담은 훨씬 크다. 이런 상황에서 무리하게 집을 먼저 사는 선택은 현실적으로 어렵다. 그래서 많은 사람이 영끌 매수 이후 허탈감을 느끼는 것도 사실이다.

개인적으로는 집을 투자 개념으로 접근하는 것은 맞지 않다고 본다. 1주택은 투자가 아니라 필수에 가깝다. 진짜 투자라고 부를 수 있는 것은 2주택부터다. 그래서 여유가 된다면 집을 먼저 사는 것도 나쁘지 않다고 생각하지만, 그 여유가 없다면 억지로 집을 사려고 할 필요는 없다고 본다. 그 경우에는 결국 주식을 통해 자산을 불릴 수밖에 없다.

기준은 단순하다. 투자의 관점에서 접근한다면, 집과 주식을 비교해서 본인이 더 잘하는 쪽을 선택하면 된다. 집은 '사는 것'의 개념으로 접근하고, 투자는 따로 생각하는 것이 맞다. 다만 예외는 있다. 주식 수익률이 꾸준히 높고, 기대 수익률과 실제 수익률이 모두 검증된 사람이라면 굳이 집을 서두를 필요는 없다고 본다. 매년 50%, 100%의 수익률을 반복해서 만들어내는 사람도 실제로 존재한다. 그런 사람에게 집은 선택의 문제이지 필수는 아니다.

나도 집을 산 적이 있는데, 당시에는 집값이 지금보다 훨씬 쌌다. 그렇다고 체감상 아주 싸다고 느껴질 정도는 아니었지만, 지금과 비교하면 부담이 적었던 것은 사실이다. 처음에는 전세로 시작했다. 구리에 24평 아파트를 전세로 얻었는데, 시세보다 저렴한 급매였다. 집주인의 사정으로 계약 기간이 불확실했지만, 당시에는 급했기 때문에 계약을 했다. 이후 다른 전세로 옮겼는데, 집의 방향이나 환경이 마음에 들지 않았다. 그때 이참에 집을 사자는 결론을 내렸다.

집을 사고 나니 심리적으로는 확실히 편해졌다. 투자 여력은 줄었지만, 주거에 대한 불안이 사라진다는 점은 분명한 장점이었다.

그래서 이 질문에 대한 내 결론은 이렇다. 집이든 주식이든 무엇이 먼저냐가 중요한 게 아니라, 본인의 현실과 성향에 맞는 선택을 하는 것이 중요하다. 집을 투자로 보지 말고, 주식은 실력으로 접근하라. 여유가 되면 집을 먼저 가져가도 되고, 여유가 안 되면 주식으로 자산을 불릴 수밖에 없다. 중요한 것은 순서가 아니라, 무리하지 않는 판단이다.

사실 집을 사고 나니 뭔가 하나를 끝낸 기분이 들었다. 해야 할 일을 하나 마무리한 느낌이었다. 돌아보면, 집을 사고 나서 오히려 더 잘 풀렸던 것 같다. 주식 투자를 대하는 태도도 달라졌다. 언제부터인지는 정확히 모르겠지만, 그때부터는 마음이 좀 편해지면서 '이제는 제대로 해보자'는 방향으로 바뀌었다.

그런데 주식이 잘되기 시작하자, 집에 묶여 있는 돈이 아깝게 느껴지기 시작했다. 바닥에 깔려 있는 자금이 계속 신경 쓰였다. 2015년부터 2019년까지 5년 동안 수익이 계속 났다. 그러다 보니 집에 깔려 있는 돈이 더 아깝게 느껴졌다. 그렇다고 집을 팔아서 서울에 있는 집을 바로 사자니 주식 투자금이 부족하게 느껴졌다. 서울로 들어가려면 지금보다 자금 규모가 훨씬 커져야 했고, 그걸 이길 방법은 주식 투자밖에 없다고 판단했다.

물론 주식 할 돈이 아예 없었던 것은 아니다. 자금은 있었지만, 수익을 극대화하고 싶었다. 그 시점이 내 인생에서 베팅을 해볼 만한 구간이라고 느꼈기 때문이다. 그래서 2019년에 집을 팔았다. 집을 팔고 주식에 거의 모든 것을 올인했다. 서울로 이사하면서 월세로 전환했고, 전세자금 대출도 최대한 활용해 유동성을 확보했다. 말 그대로 인생에 한번 베팅을 한 셈이었다.

무리한 선택은 아니라고 생각했다. 물론 위험할 수는 있지만, 지난 5년간의 수익률을 돌아보니 '앞으로 2~3년만 더 하면 가능하지 않을까'라는 생각이 들었다. 충분히 해볼 만하다고 느꼈다. 정확한 연평균 수익률을 계산해본 적은 없지만, 자릿수로만 보면 2015년에는 약 52%, 2016년에는 70% 정도였다. 장이 좋았던 덕도 있었을 것이다. 2017년은 전업 투자자로서 수익률 100%를 넘긴 해였다. 그 정도 되고 나서야 집을 팔고 주식을 해도 되겠다는 생각이 들었다.

2018년 초반에는 수익률이 50~60%까지 갔다가 미·중 무역 분쟁이 터지면서 수익을 많이 반납했고, 결과적으로는 20%가 채 안 됐던 것으로 기억한다. 2019년 역시 정확한 수치는 기억나지 않지만 40~50% 이상은 났던 것 같다. 이런 흐름이 이어지다 보니 자연스럽게 자신감이 생겼다. 그러다 보니 '이제는 한 번 더 베팅을 해볼 시점이 아닌가'라는 생각이 들었고, 그 결과가 집을 팔아서 투자자금을 극대화한 것이었다.

이후 코로나가 터지면서 계좌가 크게 흔들렸고, 당시에는 완전히 잘못된 선택처럼 보이기도 했다. 그러나 결과적으로는 다시 잘한 선택이 되었다. 다만 여기서 분명한 건 주식이 부동산보다 먼저가 되려면 수익률이 반드시 받쳐줘야 한다는 점이다. 무작정 돈을 들고 뛰어드는 것은 절대 아니다. 집을 살 방법이 주식밖에 없다고 해서 모든 자금을 끌어다 풀 레버리지로 투입하는 것은 매우 위험하다. 그렇게 했다가 코로나 같은 상황을 맞으면 한 번에 끝날 수도 있다.

중요한 것은 기대 수익률이 아니라, 자기 자신에 대한 검증이다. 최소한 3년에서 5년 정도는 온갖 시장의 시련 속에서도 평균적으로 어느 정도의 수익을 냈는지가 중요하다. 예를 들어 내 기준에서는 연평균 30% 정도를 꾸준히 냈다면, 그때는 어느 정도 베팅을 고민해볼 수 있다고 생각한다. 위험한 이야기일 수 있지만, 현실적으로 그렇다.

내 주변에는 이른바 슈퍼개미들이 많다. 자산이 수백억에 이르는데도 집이 없는 사람이 있다. 정확히 말하면 집을 안 산 것이다. 월세로 산다. 그 정도 자산이면 집 한 채, 두 채는 물론이고 빌딩도 살 수 있을 텐데도 말이다. 처음에는 이해가 되지 않았다. 심지어 자산이 천억 단위를 넘는 사람도 집이 없다. 그들에게 서울 아파트 20~30억은 사실상 큰돈이 아니다. 그럼에도 집을 사지 않는다. 그런 사람이 한둘이 아니다.

그 이유는 명확했다. 본인 실력에 대한 확신이 있으니, 집에 자금을 묶어두는 것이 아까운 것이다. 조금만 더 굴리면 집 한 채가 더 생기는데 굳이 지금 살 이유가 없다는 생각이다. 그들에게 집은 주거의 개념이기보다는 투자 자산의 하나일 뿐이다. 그래서 돈이 있으면 집을 사는 대신 주식으로 굴려서 몇 퍼센트를 더 낼 수 있는지를 먼저 계산한다.

나 역시 집을 살지 말지 고민하던 시기가 있었다. 집을 사면 주식 자금이 확 줄어드는 애매한 구간이었다. 그때 한 선배에게 고민을 털어놓았더니, 연 수익률이 얼마냐고 묻더라. 수익률과 시드를 말하자, 왜 집을 사느냐고 했다. 그 정도 수익률이면 그냥 주식으로 계속 돌리라고 했다. 그리고 자금이 충분히 커지면 그때 가격에 맞춰서 가지 말고, 골라서 가라고 했다. 마음이 편해졌을 때, 가고 싶은 곳을 고르라는 말이었다. 그 대화 이후 나는 집을 팔고 주식에 올인했다.

핵심은 단순하다. 집을 살까, 주식을 할까를 고민하기 전에 수익률이 먼저 받쳐줘야 한다는 것이다. 수익률이 받쳐주지 않는데 그 고민부터 하는 것은 순서가 잘못된 것이다. 반대로 수익률이 충분히 받쳐주면, 그 고민은 자연스럽게 사라진다. 그때는 고민하지 않아도, 답이 이미 정해져 있기 때문이다.

결국 답은 수익률이 말해준다

솔직히 중간에 한 번쯤은 고비가 온다. 시드가 어느 정도 차오르면 집을 사고 싶다는 생각이 든다. 집이 주는 편안함이 분명히 있다. 안전자산을 하나 확보해두었다는 느낌도 있고, 무엇보다 심리적으로 안정이 되니 주식 투자도 한결 편해진다.

실제로 피터 린치도 집 한 채는 먼저 사고 주식을 하라고 말했던 것으로 기억한다. 나 역시 그 말을 보고 그렇게 생각했고, 실제로 한 번은 그 선택을 해봤다. 다만 피터 린치가 활동하던 시대와 지금은 상황이 다르다. 그 시절에는 집값이 지금처럼 부담스러운 수준은 아니었을 것이다.

요즘은 PIR이라는 지표를 자주 이야기한다. 소득 대비 집값의 크기를 보는 지표인데, 과거에는 8년 정도 소득을 모으면 집을 살 수 있었다고 한다. 하지만 지금은 서울 기준으로 PIR이 20을 훌쩍 넘었을 것이다. 현실적으로 2030 세대에게 집은 훨씬 멀어졌다.

집도 없고 시드도 적고, 집값과의 거리가 너무 멀다면 우선은 시드를 모으는 게 맞다고 본다. 그 과정에서 투자에 대한 감각을 익히고, 자신에게 재능이 있는지 검증해야 한다. 최소 3년에서 5년 정도, 어떤 시장 상황에서도 연평균 30% 내외의 수익률을 안정적으로 낼 수 있다면 그때는 이야기가 달라진다.

그 정도가 되면 굳이 집에 시드를 묶어둘 필요는 없다고 본다. 계속 굴리면서 시드머니를 채워가다 보면, 언젠가는 집을 살 수 있는 시기가 자연스럽게 온다. 지금 전세금은 어느 정도 있지만 투자금이 애매하게 있는 사람들, 집값에는 못 미치지만 자금이 있는 사람들도 결국 선택의 기준은 같다. 실력이 있다면 늘려가고, 그렇지 않다면 무리하지 않는 것이다.

물론 이미 집이 있고, 주식 자금이 부족해 집을 담보로 대출을 받아 투자하려는 사람들도 있다. 그것 역시 선택의 영역이다. 다만 그때도 전제 조건은 실력이다. 모든 선택의 바닥에는 실력이 깔려 있어야 한다. 기본이 안 된 상태에서 집을 담보로 위험을 키우는 것은 결국 자신을 시험대에 올리는 일이다. 그래서 다시 말하지만 기준은 명확하다. 최소 3년에서 5년, 연평균 수익률 30% 이상이다.

반대로 실력이 아직 검증되지 않았는데 집을 사기 위해 전세금을 다 빼고 월세로 전환하고, 심지어 빚까지 내서 주식에 올인하는 것은 어리석은 선택이라고 본다. 수익률이 먼저다. 그리고 수익을 꾸준히 낼 수 있는 구조를 만드는 게 먼저다.

안정성을 추구하는 사람들 중에는 집 한 채만 있으면 주식이 망해도 남는 게 있다고 말하는 사람도 많다. 그 말이 틀렸다고는 생각하지 않는다. 나 역시 아직은 수익률이 충분히 검증됐다고 말하기 어렵기 때문에 계속 점검 중이다.

경험상 1억을 모으는 것도 어렵고, 1억에서 5억 가는 것도 쉽지 않다. 하지만 5억에서 10억은 생각보다 빠르다. 주식으로 그 정도를 만들 수 있다면 사실상 검증은 끝난 것이다. 월급이 아니라 투자로 그 수준을 만들었다면, 계속 가도 되는 단계다. 그때는 예전에 선배가 했던 말이 떠오를 것 같다. 집을 자금에 맞춰서 사지 말고 골라서 사라는 말이다. 결국 그 지점까지 실력을 쌓는 게 가장 중요하다.

돌이켜보면 내가 집을 팔겠다고 했을 때, 집값이 오르던 시기였다. 꽤 살기 좋은 집을 팔고 월세로 간다고 하면 대부분은 말렸다. 미친 것 아니냐는 말도 나왔다. 하지만 수익률을 보여주니 아무도 말리지 않았다. 결국 안정이냐 공격적 투자냐의 문제가 아니라, 더 합리적인 선택을 할 수 있느냐의 문제였다. 그래서 지금도 결론은 같다. 항상 수익률이 답을 말해준다.

전업 투자자를
꿈꾸는 이들을 위해

전문 투자자가 되기 위한 10가지 조건

전업 투자자가 되고 싶다는 상담을 참 많이 받는다. 그에 대한 내 답은, 전업 투자자 지망생만이 아니라, 투자를 오래 하고 싶은 사람, 자산을 크게 늘리고 싶은 사람 모두에게 해당되는 이야기다.

전업 투자는 겉으로 보기에는 상당히 프리해 보인다. 출퇴근이 없고, 상사의 눈치를 볼 필요도 없고, 시간도 스스로 설계할 수 있다. 주식 투자자 입장에서는 일종의 로망처럼 느껴지기도 한다. 말 그대로 백수처럼 보이기도 한다.

실제로 조직 생활을 오래 해본 사람일수록 그 자유는 더 크게 느껴진다. 나 역시 직장 생활을 14년 정도 하고 나왔기 때문에 그 차이를 잘 안다. 조직을 벗어나면 사람으로부터 받는 스트레스는 확실히 줄어든다. 싫어하는 사람과 억지로 부딪힐 필요도 없고, 싫은 말에 웃으며 맞장구칠 일도 없다. 그 점 하나만 놓고 보면 전업 투자는 분명 매력적이다.

하지만 전업 투자는 자유로운 직업이 아니라, 혼자 하는 사업에 가깝다. 정확히 말하면 자기 자본을 태워서 하는 사업이다. 실력과 일정 수준의 시드만 있다면 세상에 이보다 좋은 구조도 없어 보인다. 돈이 돈을 버는 구조이기 때문이다. 근로소득은 아무리 노력해도 한계가 있다. 시간의 한계, 체력의 한계, 공간의 한계가 분명하다. 연봉은 정해져 있고, 더 벌기 위해서는 시간을 더 갈아 넣어야 한다. 게다가 일정 수준을 넘으면 세금 부담도 커진다.

반면 자본소득은 다르다. 마음만 먹으면 24시간 돌아간다. 낮에는 국내 주식, 밤에는 미국 주식, 원한다면 코인까지 이어진다. 물론 그렇게 살면 몸이 먼저 망가진다. 하지만 구조적으로는 공간과 시간의 제약이 없다. 무엇보다 복리 효과를 누릴 수 있다는 점이 큰 장점이다. 아직까지 주식 투자에는 세금이라는 마찰 비용도 상대적으로 낮은 편이다. 이런 점만 놓고 보면 전업 투자는 매우 매력적인 선택처럼 보인다.

그러나 전업 투자는 결코 쉬운 일이 아니다. 직업이라고 부르기에도 애매할 정도로 치열한 일이다. 실력은 기본이고, 그 외에 갖춰야 할 조건이 너무 많다. 옆에서 보면 좋아 보일 수 있다. 루틴이 정교하고 하루가 잘 돌아가는 것처럼 보일 수도 있다. 하지만 그 하루는 결코 여유롭지 않다. 전업 투자자의 하루는 생각보다 훨씬 치열하다. 출근은 없지만 출근보다 더 이른 시간에 하루가 시작되고, 퇴근은 없지만 머릿속에서는 시장이 끊임없이 돌아간다.

결국 전업 투자는 자유로운 삶이 아니라, 통제되지 않으면 바로 무너지는 삶이다. 강제성이 없는 대신, 모든 책임이 자기 자신에게 온전히 돌아온다. 손실의 위험을 매일 감내해야 하고, 그 손실은 누구도 대신 책임져주지 않는다. 사업과 다르지 않다. 다만 직원도, 동업자도 없이 혼자 모든 것을 감당해야 한다는 점에서 더 외롭다.

그래서 전업 투자는 로망으로 접근하면 반드시 탈이 난다. 실력과 시드, 그리고 이를 지탱할 수 있는 생활 구조와 멘탈까지 함께 준비되지 않으면 오래 버티기 어렵다.

전업 투자자가 되기 위한 조건을 10가지로 정리해보겠다.

1. 고정 수입이 필요하다

전업 투자를 진지하게 준비하거나, 완전한 전업은 아니더라도 반전업 형태로 투자 비중을 크게 가져가고자 하는 사람이라면 가장 먼저 점검해야 할 것이 있다. 약간의 고정적인 수입, 다시 말해 캐시플로가 반드시 필요하다는 점이다. 나는 이 부분이 매우 중요하다고 생각한다. 실제로 상담을 요청했던 사람에게도 가장 먼저 이 이야기를 했다. 투자는 언제나 손실의 가능성을 안고 가는 행위다. 이익을 통해 자산을 늘려가는 과정이지만, 오롯이 투자 소득만으로 생활을 유지하려면 상당한 실력과 충분한 시드가 필요하다.

혼자 사는 사람이라면 그나마 고정비가 적을 수 있다. 어떤 사람은 한 달에 50만 원, 많아도 100만 원도 쓰지 않는다고 말한다. 하지만 대부분의 경우에는 숨만 쉬어도 돈이 나간다. 자취를 하든 직장을 다니든, 밥값과 교통비, 통신비만 더해도 월 100만 원은 금방 넘어간다.

가족이 있다면 상황은 훨씬 더 복잡해진다. 기본적인 생활비에 교육비까지 더해지면 월 200만 원, 300만 원은 고정적으로 필요하다. 연간으로 보면 적게는 2천만 원, 많게는 3천만 원 이상의 고정비가 발생한다. 이 금액을 주식 수익만으로 충당하는 것은 결코 쉬운 일이 아니다.

예를 들어 1억 원으로 투자를 해서 연 20% 수익을 냈다고 가정해보자. 이는 매우 뛰어난 성과다. 그러나 그 2천만 원을 전부 생활비로 써버리면 다음 해에도 다시 1억으로 시작해야 한다. 복리 효과는 사라진다. 결국 최소한의 고정비 정도는 투자와 무관하게 커버할 수 있는 구조를 만들어두어야 한다. 그래야 심리적으로 덜 불안하고, 투자 판단도 훨씬 안정적으로 할 수 있다.

반대로 고정 수입 없이 투자를 시작하면 생활비 압박 때문에 매매가 급해진다. 이번 달 돈이 부족하다는 생각이 들면 레버리지를 쓰고 싶어지고, 미수나 단기 베팅에 손이 간다. 그 순간부터 투자는 전략이 아니라 생존이 된다. 그래서 고정 수입은 선택이 아니라 전제 조건이다.

2. 준비된 상태에서 시작해야 한다

두 번째로 중요한 것은 준비된 상태에서 시작해야 한다는 점이다. 전업 투자든, 투자 비중을 크게 늘리는 것이든 마찬가지다. 전업을 하면서 공부하겠다는 생각은 위험하다.

나는 주식시장을 전쟁터에 비유한다. 준비되지 않은 상태에서 시장에 뛰어드는 것은 총알이 날아다니는 전장 한가운데서 제식 훈련을 하는 것과 같다. 총 쏘는 법을 배우고, 수류탄 던지는 법을 배우는 사이에 이미 전투는 끝난다.

자기만의 투자 기법, 포트폴리오 구성 방식, 손실을 대하는 기준, 시장을 바라보는 시각이 어느 정도 정립된 상태에서 시작해야 한다. 최소한 3년 이상은 시장을 경험하며 자신만의 기준을 만들어야 한다고 생각한다. 준비 없는 전업은 도전이 아니라 무모함에 가깝다.

3. 실력이 있어야 한다

가장 중요한 것은 결국 실력이다. 이 시장에서는 나이나 경력은 중요하지 않다. 결과가 전부다. 시장이 좋을 때만 수익이 나고, 시장이 나쁘면 그대로 무너지는 투자자는 전업으로 살아남기 어렵다.

나는 2017년에 전업 투자를 시작했다. 운이 좋게도 그해 시장
은 매우 좋았다. 반도체 슈퍼사이클이 시작되면서 코스피와 코스닥
모두 큰 상승을 했다. 만약 내가 2018년처럼 미중 무역 분쟁이 본
격화된 해에 전업을 시작했다면 이야기는 달라졌을 것이다. 실제로
2018년 하반기는 상당히 힘들었고, 상반기에 벌었던 수익을 대부분
반납한 경험도 있다.

우리나라 시장은 상승과 하락이 반복적으로 나타난다. 2020년과
2021년은 좋았지만, 2022년은 금리 인상과 인플레이션으로 최악의
한 해였다. 이런 환경에서도 전업 투자자는 살아남아야 한다. 시장
이 마이너스 20%일 때 계좌가 마이너스 10%라며 시장을 이겼다고
말하는 것은 의미가 없다. 그것은 기관 평가 방식일 뿐, 개인 전업 투
자자에게는 아무 도움이 되지 않는다.

전업 투자자에게 필요한 것은 시장 대비 성과가 아니라, 연평균
으로 꾸준한 수익이다. 벌 때 크게 벌고, 안 좋을 때 크게 잃는 방식
은 자산을 키우는 데 불리하다. 복리는 변동성이 커질수록 힘을 잃
는다. 자산이 크게 늘지 않는다.

그래서 나는 연평균 기준으로 최소 20% 이상을 꾸준히 낼 수 있
어야 한다고 본다. 그것이 단기 성과가 아니라, 최소 3년에서 5년
이상 이어진 결과라면 비로소 준비가 되었다고 말할 수 있다. 그 정
도라면 시장에서 완전히 무너지지는 않겠다는 최소한의 믿음이 생
긴다.

4. 루틴이 있어야 한다

전업 투자자에게 가장 쉽게 무너지는 지점이 있다면, 그것은 실력보다도 루틴이라고 생각한다. 전업 투자라고 하면 시간이 많아 보이지만, 실제로는 그 시간이 가장 위험하다. 통제되지 않은 시간은 집중을 갉아먹고, 결국 계좌를 흐트러뜨린다. 그래서 나는 전업 투자자일수록 오히려 더 엄격한 일과가 필요하다고 본다.

나는 체력이 좋은 편은 아니다. 그래서 더더욱 시간을 조직화하려고 노력한다. 내가 가장 집중력이 좋은 시간은 아침이라는 걸 알았고, 그래서 매일 새벽 5시 반에서 40분 사이에 일어난다. 뜨거운 물로 목욕을 해서 몸을 풀고 나오지 않으면 하루가 버겁다. 그렇게 몸을 깨운 뒤 사무실로 향한다. 빠르면 6시 20분, 늦어도 7시에는 사무실에 도착한다.

이 루틴은 여의도로 온 이후 더 철저해졌다. 아침에 와서 신문을 읽고, 리포트를 보고, 텔레그램과 각종 정보들을 훑는다. 장이 열리면 매매를 하고, 오전 시간 대부분을 여기에 쏟는다.

오전에는 거의 다섯 시간 가까이 집중한다. 점심 이후에는 일부러 강도를 낮춘다. 체력이 받쳐주지 않기 때문이다. 오후에는 사람을 만나거나 스터디를 하고, 필요하면 운동을 하며 체력을 보강한다. 그리고 칼같이 퇴근한다.

전업 투자자라고 해서 하루 종일 붙잡고 있는다고 성과가 더 나는 것은 아니라고 생각한다. 오히려 집중할 수 있는 시간에 몰입하고, 나머지는 회복에 쓰는 편이 훨씬 낫다.

겉으로 보면 체력이 좋아 보인다는 말을 종종 듣지만, 사실은 남들보다 하루를 일찍 시작하기 때문에 방전도 빠르다. 남들이 9시에 시작할 일을 나는 7시에 시작한다. 그러니 오후 4시쯤이면 거의 에너지가 바닥난다. 침대에 누워서 카톡을 보내는 시간도 사실은 충전의 일부다. 중요한 건, 이런 리듬을 스스로 알고 관리하고 있다는 점이다.

전업 투자자에게 루틴이 없는 하루는 곧 무너지는 하루다. 오늘은 피곤하니까 늦잠을 자고, 장중에 대충 매매하다가 다시 자고, 그렇게 하루를 흘려보내기 시작하면 실력과 무관하게 계좌는 나빠진다. 실력이 아주 뛰어난 사람이라면 버틸 수 있을지 모르지만, 대부분은 그렇지 않다. 전업 투자라는 것은 자유가 아니라 자기 관리의 극단이라고 생각한다.

더 중요한 것은 전업 투자의 목적이다. 만약 어떤 종목을 사서 3년 동안 무조건 들고 갈 생각이라면 굳이 전업 투자를 할 이유가 없다. 회사에 다니면서도 충분히 할 수 있다. 전업 투자를 선택한다는 것은 단순히 공부를 하기 위해서가 아니라, 네트워크를 넓히고, 사람을 만나고, 정보의 밀도를 높이고, 자산 성장의 속도를 끌어올리기 위해서다. 근로소득보다 훨씬 큰 자본소득의 영역으로 빠르게 이동하기 위해 선택하는 길이다.

그런데 전업 투자자가 집에서 늦게 일어나고, 낮에 잠을 자고, 술을 마시고 다음 날을 흘려보낸다면 그 선택은 의미가 없다. 그 시간은 너무 비싸다. 그래서 나는 젊은 투자자들에게 늘 말한다. 탐방을 다니고, 컨퍼런스를 가고, 사람을 만나고, 끊임없이 외부 자극을 받아야 한다고. 실제로 전업 투자자들을 봐도 대부분 그렇다. 늘 누군가와 소통하고, 정보를 얻고, 판단하고, 고민하고 있다. 그걸 하기 위해 전업 투자를 하는 것이다.

5. 월급이 무의미할 정도로 수익을 올려야 한다

다섯 번째 기준은 의외로 아주 일상적인 지점에서 드러난다. 직장생활과 투자를 병행하다 보면 어느 순간 월급이 무의미해질 때가 온다. 무의미하다는 말은 월급이 적다는 뜻이 아니라, 자산소득, 자본소득이 근로소득을 넘어섰다는 의미다. 나 같은 경우에도 어느 순간 월급날을 잊게 되었다. "아, 오늘 월급날이었네" 하고 뒤늦게 알아차리는 날이 생겼다. 그 자체가 꽤 중요한 신호라고 느꼈다. 월급날을 더 이상 신경 쓰지 않게 되었을 때, 이제는 결정을 내려야겠다고 생각했다.

월급날을 기다리지 않게 된다는 건, 삶의 중심이 이미 근로소득에서 자본소득으로 이동했다는 뜻이다. 회사에서 받는 급여가 생활을 좌우하는 핵심 변수가 아니라, 투자 성과가 하루의 기분과 판단에 더 큰 영향을 미치기 시작한 상태다. 그 시점에서는 일을 하고는 있지만, 마음속에서는 이미 '본업'이 따로 생긴 셈이다. 직장은 유지하고 있지만, 실질적으로는 투자에 더 많은 에너지와 사고력을 쓰고 있는 상태다.

그래서 나는 전업 투자를 고민하는 시점이 언제냐고 묻는다면, "월급이 의미 없어졌을 때"라고 답한다. 이건 감정적인 기준이 아니라 굉장히 현실적인 기준이다.

물론 이 기준은 단독으로 작동하지 않는다. 실력이 검증되지 않았는데 월급이 우습게 느껴지는 건 위험하다. 준비되지 않은 자신감일 수도 있다. 하지만 앞서 말한 조건들, 즉 일정한 실력, 준비된 시스템, 반복된 성과가 함께 갖춰진 상태라면 이야기는 달라진다.

6. 경험을 쌓아야 한다

여섯 번째는 경험의 깊이다. 특히 상승장만 경험한 투자자는 스스로를 과대평가하기 쉽다. 2020~2021년 같은 강한 상승장에서는 누구나 계좌가 불어나고, 그 과정에서 자신이 특별한 재능을 가졌다고 착각하기 쉽다.

그러나 시장에는 반드시 하락장이 온다. 특히 우리나라 시장은 산업 구조상 경기 민감주와 사이클 산업 비중이 높아 글로벌 경기 변화에 크게 흔들린다. 이런 구조에서는 상승과 하락이 반복될 수밖에 없고, 하락장을 얼마나 겪어봤는지가 생존을 가른다. 상승장, 박스권, 하락장 모두에서 대응해본 경험이 쌓여야 전업 투자 시 당황하지 않는다. 연평균 20~30% 수준의 수익을 여러 해에 걸쳐 유지

해본 경험이 있어야 하는 이유다.

7. 레버리지에 대해 엄격해야 한다

일곱 번째는 레버리지에 대한 태도다. 레버리지는 전업 투자에서 가장 위험한 도구다. 한번 익숙해지면 끊기 어렵고, 위기 상황에서는 인생을 한 방에 끝낼 수 있다. 레버리지는 수익을 빠르게 키우기도 하지만, 손실 또한 같은 속도로 증폭시킨다. 실제로 오랜 경력을 가진 투자자들조차 큰 위기에서 레버리지로 인해 시장에서 퇴출되는 경우를 많이 봐왔다.

따라서 레버리지는 가능하면 쓰지 않는 것이 가장 좋고, 쓰더라도 충분한 경험과 명확한 전략이 있을 때만 제한적으로 접근해야 한다.

8. 환경을 갖춰야 한다

여덟 번째는 환경이다. 전업 투자든 일반 투자든, 어떤 사람들과 어떤 공간에 있느냐는 투자 스타일에 큰 영향을 준다. 특히 자기 스타일이 확립되지 않은 상태에서는 주변의 매매 방식과 분위기에 쉽게 휩쓸린다. 단타 위주의 환경, 지나치게 조급한 분위기, 혹은 본인과 맞지 않는 투자 철학 속에서는 자신의 색깔을 잃기 쉽다.

완벽한 사무실을 말하는 게 아니다. 최소한 주변 사람들의 인성과 투자 태도가 본인과 크게 어긋나지 않는 환경이어야 한다. 결국 중요한 것은 환경을 활용하되, 꺾이지 않는 자기 스타일을 유지하는 것이다.

9. 시드머니가 충분해야 한다

아홉 번째는 적정한 시드다. 아무리 실력이 좋아도 시드가 지나치게 적으면 전업 투자는 구조적으로 불리해진다. 수익률이 높아도 절대 금액이 적으면 생활비로 대부분이 소모되고 복리 효과가 사라진다. 일정 규모 이상의 시드가 있어야 고정비 부담에서 자유로워지고, 심리적으로도 쫓기지 않는다.

투자에서 심리는 절반 이상을 차지하는 요소이기 때문에, 후달리는 상태에서는 올바른 판단을 유지하기 어렵다. 실력만큼이나 시드의 크기가 중요한 이유다.

10. 최악에 대비해야 한다

열 번째는 최악의 상황을 상정하는 태도다. 전업 투자는 사업과 같고, 실패했을 때의 대가는 매우 크다. 한 번의 큰 실수와 불운이 겹치면 단기간에 모든 것을 잃을 수도 있다.

그래서 항상 "만약 전부 잃는다면 이후의 삶을 어떻게 감당할 수 있을까"를 스스로에게 물어봐야 한다. 이 질문은 겁을 주기 위한 것이 아니라, 현재의 선택을 더 겸손하게 만들고 욕심을 줄이기 위한 장치다. 최악을 상상해본 사람만이 과도한 베팅을 경계할 수 있고,

살아남는 선택을 할 수 있다.

전업 투자는 로망이 아니라 확률의 게임이며, 준비되지 않은 상태에서 뛰어들면 대부분 시장에서 탈락한다. 그래서 나는 전업 투자를 쉽게 권하지 않는다. 충분한 실력, 경험, 시드, 환경, 그리고 최악을 감당할 각오까지 갖췄을 때에만 고려할 수 있는 선택이라고 생각한다. 그 기준을 충족하지 못했다면, 말리고 싶은 선택이 전업 투자다.

투자를 잘하고 싶다면

나는 여전히 투자할 때의 내 태도를 점검한다. 평소 내가 투자에 대해 갖고 있는 생각들, 투자를 조금이라도 더 잘하기 위해서는 어떤 관점이 필요한지에 대해 정리해보았다. 다음 4가지 태도를 투자자들이 가졌으면 한다.

1. 재테크 마인드를 버리고, 전업 투자자라는 마음을 가져라

첫 번째로 스스로를 '반'전업 투자자라고 생각하고 투자를 대했으면 한다. 직업을 가지고 있든, 사업을 하고 있든, 본업은 따로 있지만 투자만큼은 전업 투자자의 시선과 태도로 임하라는 의미다.

많은 사람이 본업에서 남는 돈으로 투자를 하면서도 여전히 재테크의 연장선에서 가볍게 접근한다. 조금 오르면 팔고, 뭐 괜찮은 거 없나 두리번거리고, 단기적인 아이디어에 반응하는 식이다. 그런 태도로는 투자에 깊이가 생기기 어렵고, 장기적으로 성과를 내기도 힘들다. 과거의 나 역시 그런 방식으로 오랜 시간을 허비했다.

전업 투자자의 마인드는 근본적으로 다르다. 생존이 걸려 있기 때문이다. 이 판단 하나가 내 자산을 지키느냐, 시장에서 퇴출되느냐를 가른다는 긴장감 속에서 매 순간 선택을 한다. 실제로 전업 투자자들은 고정 수입이 없고, 자신의 자산을 리스크에 그대로 노출시킨 상태에서 하루하루를 버텨야 한다.

그러다 보니 자연스럽게 더 깊이 공부하게 되고, 더 보수적으로 판단하게 되고, 위험 앞에서는 도망칠 줄도 알게 된다. 아무리 욕심이 나도 살아남지 못할 자리라면 과감히 피하고, 정말 확률이 높다고 판단될 때만 배팅을 하게 된다.

나 역시 전업 투자를 시작할 때 억 단위 자금으로 시작했지만, 불확실함은 늘 따라다녔다. 내가 과연 이 시장에서 살아남을 수 있을까, 정말 실력이 있는 걸까 하는 질문을 수없이 반복했다. 그 불안감 때문에 더 열심히 할 수밖에 없었다. 전쟁터에 나간 사람처럼 살기 위해 공부하고, 살기 위해 피하고, 살기 위해 기다렸다. 기업을 보는 눈도 그 과정에서 깊어질 수밖에 없었다. 돈을 벌어야 했기 때문이다.

이런 마인드로 투자를 대하면 생활 자체가 달라진다. 나는 지금도 아침 5시 반에 일어난다. 직장 다닐 때보다 훨씬 이르다. 사무실에 6시 무렵 도착하는 생활은 회사원 시절에는 상상도 못 하던 루틴이다.

운동을 하고, 몸을 관리하는 것조차 투자 행위의 일부가 된다. 체력이 있어야 탐방을 다닐 수 있고, 긴 시간 집중해서 사고할 수 있기 때문이다. 회사 생활에서는 주어진 일을 처리하는 데 그쳤다면, 투자를 하면서는 삶 전체가 목표를 향해 정렬되는 느낌을 받는다.

나는 지금도 최악의 상황을 상상한다. 투자에 실패했을 때, 시장이 무너졌을 때, 코로나처럼 예기치 못한 악재가 닥쳤을 때 인생이 어떻게 될지를 떠올린다. 그런 불안감이 나를 게으르지 않게 만들고, 방심하지 않게 만든다. 그래서 더 부지런해지고, 더 조심스럽게 판단하게 된다.

전업 투자자라는 마음가짐으로, 전업 투자자의 각오로 투자에 임할 때 비로소 태도가 바뀌고, 그때부터 투자는 완전히 다른 영역이 된다.

2. 하루 종일 주식 생각을 하라

두 번째는 앞의 이야기와 비슷한 맥락이지만, 정말로 하루 종일 주식 생각을 하며 살았으면 좋겠다는 것이다. 하루 종일 애인 생각을 하듯이, 자연스럽게 머릿속이 계속 투자로 이어지는 상태 말이다. 물론 일하는 시간에는 일에 집중해야 한다. 그러나 그 시간을 제외한 나머지 삶의 영역에서는 의식적으로라도 투자자적인 사고로 전환할 필요가 있다. 직장인의 삶과 투자자의 삶은 자동으로 분리되지 않는다. 오히려 일부러 경계를 만들고, 의도적으로 투자자의 세계로 발을 들여놓아야 사고방식이 바뀐다.

하루 종일 주식과 기업을 생각하다 보면, 일상에서 보이는 거의 모든 것이 투자 아이디어로 연결되기 시작한다. 뉴스를 보다가도, 신문 기사를 읽다가도, 거리에서 무언가를 보다가도 "이건 뭐지?"라는 질문이 자연스럽게 튀어나온다. 리포트를 읽는 밀도도 달라지고, 공부에 대한 열정도 확실히 올라간다.

나는 이 지점이 부자가 되기 위한 최소한의 출발선이라고 생각한다. 부자가 되고 싶지 않은 사람은 없다. 그렇다면 왜 부자가 되고 싶은가를 다시 생각해보면 결국 답은 하나로 모인다. 시간을 내가 원하는 방식으로 쓰고 싶기 때문이다.

지금 우리는 시간을 돈과 교환하며 살아간다. 회사에서 욕을 참고, 사람들 사이에 끼여서 버티고, 하기 싫은 일도 해내는 이유는 결국 생계 때문이다. 경제적 자유를 얻는다는 것은 이런 등가 교환에서 벗어나는 것을 의미한다. 내 인생의 주인공이 내가 되는 삶이다. 지금의 나는 회사라는 무대에서 조연 역할을 하고 있을지 모르지만, 그 구조를 벗어나고 싶다면 결국 자본을 키워야 하고, 그 방법 중 하나가 투자다.

그래서 실제로 잘되는 사람들을 보면 상상을 넘어서는 수준으로 몰입한다. 주변 후배들을 보면 정말 미친 듯이 한다는 표현이 과하지 않다. 한 달에 스터디만 20번이 넘고, 주말을 빼면 거의 매일 서너 시간씩 공부하는 사람도 있다. 그 체력과 집중력 자체가 이미 경쟁력이다. 그들과 경쟁하라는 게 아니라, 적어도 같은 방향으로 가고 싶다면 결국 내 시간을 쪼개는 수밖에 없다. 투자자적인 마인드는 그렇게 만들어진다. 하루 종일 주식 생각을 하는 상태가 되어야만, 반전업 투자자라는 태도도 자연스럽게 자리 잡는다.

나 역시 그렇게 바뀌었다. 2014년쯤부터 본격적으로 반전업 투자자라는 마음가짐으로 투자를 대하기 시작했다. 회사 안에서 더 이상 내 인생의 그림이 보이지 않았고, 조직은 불안정했고, 나 자신도 회사 생활에 많이 지쳐 있었다. 그때부터는 회사에서 벌어지는 일보다 투자에 모든 에너지를 쏟았다. 사실상 올인이었다. 그 시점을 기점으로 기업을 보는 눈이 달라졌고, 시장을 해석하는 방식도 달라졌다. 삶의 중심축이 바뀌면 사고의 깊이도 함께 바뀐다. 그래서 나는 여전히, 정말로 성공하고 싶다면 하루 종일 주식 생각을 하며 살아보라고 말하고 싶다.

전업 투자를 하라는 말은 아니다. 다만 전업 투자자 마인드로 투자에 임하라는 것이다. 하루 종일 주식과 기업을 생각하는 사람처럼 투자하라는 뜻이다. 그렇게 하면 투자가 달라진다. 쓸데없는 배팅을 줄이게 되고, 리스크한 선택을 피하게 되고, 기업을 더 깊이 들여다 보게 된다. 그 과정에서 자산은 쌓인다.

그 자산은 언젠가 경제적 자유로 가는 시간을 앞당겨준다. 완전한 경제적 자유가 아니더라도, 언젠가 퇴사를 하거나 새로운 인생을 시작할 때 든든한 기반이 되어준다. 투자는 단순히 돈을 불리는 수단이 아니라, 선택지를 늘리는 도구다. 그런 관점으로 투자에 임했으면 좋겠다.

3. 인풋을 충분히, 지속적으로 넣어라

세 번째로 강조하고 싶은 것은 인풋을 충분히, 그리고 지속적으로 집어넣어야 한다는 점이다. 투자에서 아웃풋은 결코 공짜로 나오지 않는다. 반드시 그 이전에 압도적인 인풋이 쌓여 있어야 한다고 생각한다. 여기서 말하는 인풋은 결국 정보다. 정보는 곧 사고의 재료이고, 판단의 원천이다.

기본적인 인풋은 뉴스, 신문, 리포트다. 이건 선택이 아니라 전제 조건이다. 특별한 전략이 아니라 그냥 깔고 들어가는 기본 체력이라고 보면 된다. 나는 이것을 준비운동에 비유한다. 아침에 조깅하듯이, 매일같이 읽는 것이다. 대단한 인사이트를 얻기 위해서가 아니라, 투자 언어에 몸을 적응시키기 위해서다.

이렇게 기본 인풋이 쌓여야 어느 순간부터는 어떤 이야기를 들어도 맥락이 잡히고, 무슨 말을 하는지 알아듣는 단계에 이른다. 이 수준이 되지 않으면, 아무리 좋은 이야기를 들어도 판단으로 이어지지 않는다.

기초 체력이 없는 상태에서는 정보가 들어오는 순간 그대로 반사적으로 버튼을 누르게 된다. 생각 없이 매수하는 단계, 말 그대로 무지성 매매와 다르지 않다. 그 상태에서는 실력이 쌓일 수 없다. 그래서 매일 읽어야 한다. 무엇을 읽든 상관없다. 중요한 건 '매일'이라는 점이다. 귀를 열고, 머리를 여는 과정이다. 이 바탕이 깔려야 비로소 들어온 정보가 내 판단으로 소화된다.

그다음 단계의 인풋은 사람들과의 교류다. 스터디, 투자자 모임, 기업과의 소통이 여기에 해당한다. 다만 아무 준비 없이 사람을 만나는 것은 의미가 없다. 기본 지식이 없는 상태에서 교류를 하면, 잘 몰라서 창피하기도 하고 사람들이 하는 말도 잘 이해하지 못한다. 투자 경력 2~3개월 차가 10년 차 투자자들이 모인 스터디에 들어가면, 받아적기 바쁘고 판단은 불가능하다. 그 자리에 앉아 있다고 해서 실력이 느는 것은 아니다.

그래서 최소한 뉴스, 신문, 리포트를 몇 년간 꾸준히 읽어 기본 언어를 익혀야 한다. 그래야 스터디에서 오가는 대화가 이해되고, 투자 아이디어가 머릿속에서 연결된다. 사람들이 스터디를 하는 이유는 명확하다. 남의 아이디어를 통해 자기 세계를 깨기 위해서다. 나와 다른 관점, 다른 해석을 들으면서 사고의 폭이 넓어진다.

스터디는 인적 레버리지다. 10명이 모인 스터디에서 내가 한 종목만 준비해 가도, 9명의 의견을 듣게 된다. 혼자서라면 몇 달 걸릴 고민을 한 자리에서 압축해서 얻는다. 그렇기 때문에 스터디는 매우 강력한 도구다. 하지만 전제 조건이 있다. 그건 바로 '기브 앤 테이크'다.

여기서 말하는 '기브'는 단순한 친절이나 희생이 아니다. 내가 공부한 것을 내놓고 종목을 공유하면 질문이 들어온다. 왜 좋은지, 숫자는 어떤지, 리스크는 무엇인지 묻는다. 그 질문들에 답하지 못하면 설득력은 떨어진다. 투자 모임에서 질문에 어떻게 답하느냐는 신뢰와 직결된다. 기본적인 질문에도 답하지 못하면, 그 사람의 투자 아이디어는 가볍게 취급된다.

그래서 남에게 주기 위해서라도 공부를 할 수밖에 없다. 더 많이 주기 위해 더 깊이 공부하게 되고, 그 과정에서 실력이 오른다. 스터디에서 멀뚱멀뚱 앉아 있기만 하면 오래 유지할 수 없다. 좋은 아이디어를 얻고 싶다면, 먼저 좋은 아이디어를 내놓아야 한다. 먼저 주면, 자연스럽게 돌아온다.

기업과의 소통도 마찬가지다. 기본 지식이 없으면 할 수 있는 질문은 뻔하다. "왜 주가가 떨어지나요", "배당 안 하나요" 같은 질문은 의미도 없고, 주식담당자도 답해주지 않는다.

반대로 공부가 되어 있으면 질문의 질이 달라진다. 그때부터 기업과의 소통은 컴플레인이 아니라 검증의 시간이 된다. 내가 알고 있는 가설이 맞는지, 리포트의 컨센서스와 회사의 생각은 무엇이 다른지 확인하는 과정이다.

직접 탐방이 어렵다면, 탐방 후기를 읽는 것도 충분히 의미가 있다. 요즘은 블로그, 텔레그램 등에 기업 탐방 후기가 넘쳐난다. 그런 자료만 성실히 읽어도 회사와 소통하는 감각은 충분히 기를 수 있다. 중요한 건 질문을 할 수 있는 수준까지 지식을 쌓는 것이다.

결국 많이 알아야 궁금해진다. 아는 것이 많아질수록 질문도 늘어난다. 백 개를 알아야 열 개는 물을 수 있고, 천 개를 알아야 백 개를 묻게 된다. 그 질문이 다시 새로운 인풋이 되고, 그 인풋이 쌓여 아웃풋으로 이어진다.

4. 소문이나 내러티브가 아닌 산업과 기업에 집중하라

오늘은 어떤 종목이나 어떤 섹터가 괜찮아 보이다가도, 다음 날이면 전혀 다른 곳으로 시선이 옮겨간다. 한동안 잘 가던 섹터도 어느 순간 힘이 빠지고, 자금은 또 다른 이야기로 이동한다. 이런 빠른 순환은 단순한 심리 문제가 아니라 우리 시장의 구조적인 특성과도 맞닿아 있다. 글로벌 시장에서 차지하는 비중이 1~2%에 불과할 만큼 시장 자체가 작고, 참여 자금의 규모도 크지 않다 보니 자금이 조금만 쏠려도 변동성은 크게 나타난다.

여기에 개인 투자자들의 모바일 환경이 급격히 좋아지면서 투자 접근성은 더 높아졌다. 정보 취득과 확산 속도는 빨라졌고, 개인들도 "이 정도면 나도 해볼 만하다"라고 느끼는 환경이 만들어졌다.

특히 코로나 이후 주식 투자를 시작한 개인 투자자들이 급증했다. 데이터로 봐도 그렇고 체감상으로도, 최근 2~3년 사이 유입된 자금이 전체의 절반 이상을 차지하면서 시장의 성격 자체가 바뀌었다고 느낀다.

이 자금은 상대적으로 무거운 대형주보다는 코스닥 중소형주로 향했고, 실적이 안정적인 '올드한' 종목보다는 스토리와 내러티브가 있는 종목을 선호하는 경향이 강했다. 숫자를 꼼꼼히 따지기보다는, 그럴듯한 이야기와 성장할 것 같은 그림에 더 쉽게 반응한다. 이런 종목들은 텔레그램 채널이나 유튜브, 리딩 업체, 각종 스터디를 통해 빠르게 확산된다. 정보는 순식간에 퍼지고, 주가는 그 속도를 따라 출렁인다.

나 역시 주식 투자를 처음 배울 때는 그런 종목들이 빨리 가는 줄 알았다. 남들보다 조금만 빨리 들어가면 되는 게임이라고 착각했다. 하지만 결과는 늘 비슷했다. 뒤늦게 따라 들어가 설거지를 당했고, 항상 먹이사슬의 맨 아래에 있었다.

정보에는 분명한 먹이사슬이 존재한다. 위에 있는 사람일수록 이득을 많이 취하고, 아래로 내려갈수록 남는 것은 적어진다. 맨 아래에 있으면 결국 손실을 볼 확률이 높다. 무료 정보라고 해서 공짜로 돈을 벌 수 있는 구조는 아니다.

그래서 나는 오히려 그런 정보들을 아예 차단해버렸다. 모르면 따라갈 수 없고, 따라가지 않으면 최소한 설거지는 당하지 않는다. 주식 투자는 결국 내가 산 가격보다 더 높은 가격에 사줄 사람에게 주식을 넘기는 행위다. 이 자체가 나쁜 것은 아니다. 시장은 원래 그렇게 작동한다. 다만 산업과 기업의 가치를 이해한 상태로 참여하느냐, 아니면 이야기만 듣고 뒤늦게 올라타느냐는 전혀 다른 결과를 만든다.

이 지점에서 자연스럽게 내러티브와 숫자의 문제가 나온다. 투자를 이야기할 때 흔히 이 둘을 나눈다. 어떤 섹터는 이야기만 있다. 아직 실적은 없지만, 앞으로 이런 일이 벌어질 것이라는 기대감으로 움직인다. 반면 어떤 섹터는 이야기 위에 숫자가 얹힌다. 실적, 가이던스, 생산 계획이 함께 보이기 시작하는 단계다.

문제는 내러티브만 있는 구간이다. 이때 주가는 철저하게 기대감으로 간다. 상상으로 움직인다. 그런데 기대는 언제든지 약해질 수 있다. 이슈가 소멸되거나, 실적 시즌이 돌아오면 시장은 반드시 묻는다.

"그래서 지금 숫자는 뭐야?"

이 질문에 답이 없으면 실망이 생기고, 자금은 빠져나간다. 그러다 또 다른 이야기로 이동한다. 한때 각광받던 테마주들이 늘 같은 길을 걸어왔다. 내러티브가 살아 있는 동안에는 간다. 오히려 더 강한 이야기, 더 자극적인 기대가 붙으면 주가는 계속 오른다. 하지만 숫자로 증명되기까지의 거리가 멀수록 변동성은 커진다.

그래서 투자자는 항상 이 질문을 해야 한다.

"지금 이 내러티브는 아직 그저 이야기인가, 아니면 곧 숫자(이익)

로 넘어갈 단계인가?

내 블로그에 기록된 글귀가 있다.

"숫자, 방향성, 논리적 근거."

좋은 종목은 이 3가지를 갖춰야 한다.

내러티브만으로는 주가의 상승은 지속되기 어렵고, 언제라도 무너질 수 있는 모래성과 같다. 좋은 내러티브에 숫자까지 받쳐줘야 가장 좋은 투자처다. 이것이 내가 지금까지 겪으며 얻은 가장 확실한 결론이다.

이제 투자를 시작하는
사람들에게

최근 막 대학을 졸업했다는 사회 초년생이 질문을 해왔다. 질문의 요지는 4가지였다.

1. 지금부터 꾸준히 하면 앞으로 기회가 또 올 수 있는가?

2. AI 시대에는 과거의 투자 방법이 통하지 않는 것 아닌가?

3. 코스피가 많이 오른 지금 들어가도 되는가?

4. 차트 공부에 대해 어떻게 생각하는가?

결론부터 말하겠다. 사회 초년생이라면 지금 바로 시작하라. 늦지 않았다. 오히려 빠른 편이다. 나조차도 제대로 시작한 것은 30대

후반이었다.

"앞으로도 기회가 또 올 수 있을까"라는 조바심은 버려라. 평생 투자한다면 작은 기회는 수백 번, 큰 기회는 수십 번 온다. 지금이 마지막 버스일 것처럼 느껴지는 것은 경험이 부족해서 그렇다. 시계열을 길게 보라. 70세까지 투자한다고 가정하면, 쉰을 바라보는 나도 앞으로 20년 넘게 할 수 있고, 당신은 40~50년 가까이 투자할 수 있다. 이제 막 신생아가 "내 인생 끝난 건가요"라고 묻는 것과 다를 바 없다. 무조건 시작하라.

다만, 빨리 시작하되 서두르지는 말자. 시행착오는 필연이다. 초반 실패 확률은 70% 이상이라고 봐도 무방하다. 몇 년은 허비할 수도 있다. 그래서 절대 큰돈으로 하지 말라고 강조한다. 내가 가장 후회하는 것은 스물여섯부터 서른다섯까지 날린 10년과 1억에 가까운 시드머니다. 그 시간을 5년으로 줄일 수 있었다면 자산은 지금과 전혀 달랐을 것이다.

이 청년처럼 이제 막 주식 투자를 시작하려는 사람들을 위해 10가지 조언을 남기고자 한다.

1. 시간보다 중요한 것은 방향이다

3~4년은 배우는 기간이라고 생각하라. 아무것도 모른 채 돈만 들고 뛰어드는 것은 제식 훈련도 안 한 채 총만 들고 전장에 나가는 것과 같다. 이 시장에는 수많은 타짜가 있다. 남들이 수익을 냈다고

조바심낼 필요 없다. 기초를 단단히 해야 오래 간다.

2. 가장 빠르게 실력을 키우는 방법은 산업 공부다

읽고, 쓰고, 요약하고, 기록하라. 복사해서 붙여넣는 게 아니라 자기 언어로 정리하라. 전체 섹터를 리스트업하고, 가장 이해하기 쉬운 산업부터 한 달에 하나씩 요약집을 만들어라. 20개만 해도 어지간한 산업들의 뼈대는 잡힌다. 중간에 그만두지 않도록 반강제로라도 밀어붙여라. 대부분 여기서 멈춘다. 그리고 실력도 거기서 멈춘다.

3. 투자의 실전은 결국 경험이다

경험에는 간접 경험과 직접 경험이 있다. 책은 간접 경험이다. AI 시대라서 고전이 무의미하다고 말하는 사람을 경계하라. 기본이 없는 사람이다. 내 투자 마인드는 《전설로 떠나는 월가의 영웅》을 네 번 읽으며 자리 잡았다. 버핏이 AI로 투자했나? 투자의 결정은 결국 사람이 한다. 정답이 있는 게임이라면 AI가 유리하겠지만, 투자에는 정답이 없다. 그래서 현인들의 사고방식이 여전히 유효하다.

4. 직접 경험은 적은 돈으로 하라

승률이 70% 이상이 되기 전까지는 투자 금액을 크게 늘리지 말자. 열 번 중 일곱 번 이겨야 누적 수익이 난다. 다섯 번 이기고 다섯

번 지면 남는 게 없다. 초반 손실은 수업료다. 다만 감당 가능한 수준
이어야 한다.

5. 항상 아는 영역에서만 놀아라

산업 공부를 실전에 적용하고, 아이디어를 내고, 수익률로 검증
하라. 시장은 돌고 돈다. 산업도 사이클을 탄다. 이번 턴에 수익을 못
냈더라도 기록을 남겨라. 다음 턴에 복수하면 된다. 나 역시 엔터 산
업에서 복수하는 데 10년이 걸렸다. 그러나 그 성과는 컸다.

6. 시장이 많이 올랐다고 겁내지 말라

시장만 올랐지 안 오른 종목은 수두룩하다. 중요한 것은 많이 올
랐는지가 아니라 왜 올랐는지다. 반도체가 왜 상승하는지 그 근본
원리를 이해하고 기록하라. 이번에 돈을 못 벌었더라도 그 기록은
다음 사이클의 자산이 된다. 투자 인생 동안 반도체 업사이클은 여
러 번 온다.

7. 시장을 사는 게 아니라 종목을 사는 것이다

시장이 약해도 구조적으로 성장하는 산업이 있고, 시장이 강해도
죽어가는 산업이 있다. 그 업사이클과 다운사이클의 이유를 이해해
야 한다. 그래서 산업 공부가 핵심이다.

8. 차트는 보조 지표일 뿐이다

기업 분석 없이 차트만 보면 앵커링 효과에 빠지기 쉽다. 많이 올랐다고 안 사고, 많이 빠졌다고 사는 실수를 한다. 가격이 투자 아이디어가 되어서는 안 된다. 기본적 분석이 먼저이고, 기술적 분석은 그다음이다.

9. 스스로 하라

추천 채널을 묻지 말자. 그런 것부터 스스로 찾는 연습을 해야 리서치도 혼자 할 수 있다. 질 낮은 콘텐츠를 못 거르는 이유는 대부분 "그래서 지금 뭐 사면 되는데?"라는 조급함 때문이다. 그 순간 이미 호구가 될 확률이 높다.

10. 내 계좌에는 내 아이디어로 산 종목만 있어야 한다

그래야 대응이 가능하다. 남의 종목은 떨어지면 욕밖에 할 수 없다. 스스로 리서치하고, 판단하고, 책임져라. 그래야 경험이 자산이 된다.

이 모든 과정은 3~5년은 걸린다. 나는 10년 걸렸다. 엄두가 안 나면 안 해도 된다. 적금만 넣고 살아도 문제 없다. 하지만 부자가 되고 싶다면 자격을 갖춰야 한다. 그 자격은 포기 없는 노력이다.

하루 최소 3시간은 투자 공부에 써라. 전업 투자자는 그 이상 한다. 핑계는 없다.

결론은 단순하다. 버스는 자주 온다. 시장 분위기에 연연하지 말고, 종목의 본질에 집중하라. 인생은 길다.

KI신서 16182

피터케이의 이기는 투자 불변의 법칙

1판 1쇄 발행 2026년 4월 15일
1판 3쇄 발행 2026년 5월 4일

지은이 피터케이
펴낸이 김영곤
펴낸곳 (주)북이십일 21세기북스

출판부문 출판2본부장 윤서진
인생명강팀장 박강민 **인생명강팀** 심세미 권혜지 조혜진
디자인 표지 김희림 **본문** 홍경숙
출판2본부 마케팅팀 유진선 이수진 김설아
마케팅영업부문 정지은
영업팀 김지윤 강경남 김도연
e-커머스팀 장철용 명인수 황성진
제작팀 이영민 권경민

출판등록 2000년 5월 6일 제406-2003-061호
주소 (10881) 경기도 파주시 회동길 201(문발동)
대표전화 031-955-2100 **팩스** 031-955-2151 **이메일** book21@book21.co.kr

ⓒ 피터케이, 2026
ISBN 979-11-7357-882-3 03320

(주)북이십일 경계를 허무는 콘텐츠 리더

21세기북스 채널에서 도서 정보와 다양한 영상자료, 이벤트를 만나세요!
페이스북 facebook.com/jiinpill21 **포스트** post.naver.com/21c_editors
인스타그램 instagram.com/jiinpill21 **홈페이지** www.book21.com
유튜브 youtube.com/book21pub

서울대 가지 않아도 들을 수 있는 **명강**의! 〈서가명강〉
'서가명강'에서는 〈서가명강〉과 〈인생명강〉을 함께 만날 수 있습니다.
유튜브, 네이버, 팟캐스트에서 '서가명강'을 검색해보세요!